Dietmar Rabich · Erik Potthoff

Dülmen

gestern und heute

Dietmar Rabich · Erik Potthoff

Dülmen

gestern und heute

Laumann-Verlag Dülmen

Gesamtherstellung:
Laumann Druck & Verlag GmbH & Co. KG,
Postfach 1461, 48235 Dülmen

Umschlaggestaltung:
A. Nitsche · www.junit-netzwerk.de

ISBN 978-3-89960-397-2

info@laumann-verlag.de
www.laumann-verlag.de

Inhaltsverzeichnis

Vorwort . . . 7
Einleitung . . . 9
Dülmen – Innenstadt . . . 12
St.-Viktor-Kirche – Außenansichten . . . 12
St.-Viktor-Kirche – Innenansichten . . . 16
Kirchplatz . . . 18
Kriegerehrenmal 1914/18 . . . 20
Rathaus . . . 22
Marktplatz . . . 24
Jubiläumsbrunnen . . . 26
Viktorstraße . . . 28
Königsplatz . . . 30
Marktstraße – Königsplatz bis Marktgasse . . . 32
Marktstraße – Marktgasse bis Borkener Straße . . . 34
Marktstraße – Borkener Straße bis Südring . . . 36
Tiberturm . . . 38
Lorenkenturm . . . 40
Nonnenturm . . . 42
Lüdinghauser Tor . . . 44
Lüdinghauser Tor – Durchblicke . . . 46
Ostring und Kloster Agnetenberg . . . 48
Nordring . . . 50
Westring . . . 52
Südring . . . 54
Schloss . . . 56
Schlosspark . . . 58
Schlossstraße . . . 60
Halterner Straße . . . 62
Lüdinghauser Straße . . . 64
Borkener Straße . . . 66
Coesfelder Straße . . . 68
Münsterstraße . . . 70
Alte Sparkasse und Metropol-Theater . . . 72
Synagoge . . . 74
Tiberstraße . . . 76
Eichengrün-Platz . . . 78
Dülmen – Außerhalb der Ringe . . . 80
Amtsgericht . . . 80
Overbergplatz . . . 82
Overbergschule . . . 84
Wasserturm . . . 86
Christuskirche – Außenansichten . . . 88
Christuskirche – Innenansichten . . . 90
Charleville-Mézières-Platz . . . 92
Hermann-Leeser-Schule . . . 94
Kolpinghaus . . . 96
St.-Joseph-Kirche . . . 98
Nonnenwall . . . 100
Kreuzweg . . . 102
Textilunternehmen Ketteler/Specht . . . 104
Spinnerei und Weberei Bendix . . . 106
Annette-von-Droste-Hülshoff-Gymnasium . . . 108
Franz-Hospital . . . 110
Alter Jüdischer Friedhof . . . 112
Marienplatz . . . 114
Heilig-Kreuz-Kirche – Außenansichten . . . 116
Heilig-Kreuz-Kirche – Innenansichten . . . 118
Clemens-Brentano-Gymnasium . . . 120
Kriegerehrenmal 1870/71 . . . 122
Kinderwohnheim . . . 124
Kreuzkapelle . . . 126
Heilig-Geist-Stiftung . . . 128
Mühlenwegfriedhof . . . 130
Bahnhof . . . 132
Maria-Königin-Kirche . . . 134
Haus Osthoff . . . 136
Evangelischer und Jüdischer Friedhof . . . 138
Waldfriedhof . . . 140
Vorpark . . . 142
Wildpark . . . 144
Borkener Straße . . . 146
Coesfelder Straße . . . 148
Münsterstraße . . . 149
Lüdinghauser Straße . . . 150
Halterner Straße . . . 151
Sonderthemen . . . 152
Häuser . . . 152
Gewerbe und Industrie . . . 154
Kunst und Skulpturen . . . 156
Anna Katharina Emmerick . . . 160
Freizeit und Sport . . . 164
Fahrrad . . . 166
Auto . . . 168

Märkte und Jahrmärkte 170
Feste, Feiern und Veranstaltungen . . . 172
Dülmen bei Nacht 176
Buldern 180
Ortsdurchfahrt 180
Alte Kirche 182
St.-Pankratius-Kirche 184
Spieker 186
Schloss Buldern 188
Kriegerdenkmal 190
Hausdülmen 192
Burgplatz und St.-Mauritius-Kirche . . . 192
Große Teichsmühle 194
Ehrenfriedhof 196
Dorfplatz 198
Hiddingsel 200
St.-Georg-Kirche 200
Brennerei Hellmann 202
St.-Johannes-Nepomuk-Kapelle 204
Kriegerdenkmal 206
Merfeld 208
St.-Antonius-Kirche 208
Antoniusstatue 210
Alte Mühle 212
Haus Merfeld 214
Rorup 216
St.-Agatha-Kirche 216
Schandpfahl 218
Kloster Hamicolt 220
Haus Schwickering 222
Kirchspiel – Weddern 224
St.-Jakobus-Kirche 224
Kloster Karthaus 226
Kriegerdenkmal 228
Werkstätten Karthaus 230
Kirchspiel – Dernekamp 232
Haus Visbeck und Marienkapelle 232
Kirchspiel – Rödder 234
St.-Michael-Kapelle 234
Mäusescheune 236
Umland 238
Landwirtschaft 238
Wegkreuze 240
Landschaften 242
Wildpferde 246
Autorenporträts 249
Register 250
Bildnachweis 252
Quellen 254
Danksagungen 255

Vorwort

Warum ein Bildband von Dülmen, und wenn schon einer, warum dann ein Vergleich mit alten Ansichten? Über Dülmen und seine geschichtliche Entwicklung existieren bereits einige Veröffentlichungen. Gerade im Jubiläumsjahr 2011, zur 700-jährigen Wiederkehr der Stadtrechtsverleihung, erschien die wohl umfangreichste wissenschaftliche Publikation zur Stadtgeschichte. Bildbände über Dülmen, insbesondere in Farbe, sind jedoch in den letzten dreißig Jahren kaum nennenswert erschienen. Selbst bilddokumentarische Ergänzungen gab es nur marginal. Dabei löst doch gerade das Betrachten von Bildern, schönen Fotografien, bekannten Orten oder historischen Ansichten ein Gefühl der Vertrautheit, Neugier, Verwunderung oder des Sicherinnerns aus. Wer schaut sich nicht gerne die Urlaubsbilder der Mitreisenden oder die Fotos von Familienfeiern an?
Wer geht nicht gerne in eine Fotoausstellung, um sich über ungewöhnliche Blickwinkel oder Bildkompositionen zu wundern?
Die Beschäftigung mit diesen oder ähnlichen Fragestellungen ließ in uns langsam, aber sicher den Wunsch heranreifen, das nun vorliegende Bildbandprojekt in Angriff zu nehmen.
Die historischen Fotos und Ansichtskarten fanden sich vor allem in eigenen Beständen, im Stadtarchiv und dem einen oder anderen Privatarchiv. So manch geglaubter Schatz offenbarte sich dabei manchmal auch als Altbekanntes. An diversen Orten und von manchem Gebäude fanden sich leider nur wenige bis gar keine alten Bilder.
Die heutigen Fotografien von den schönen, sehenswerten Orten in und um Dülmen begeisterten uns so, dass in unserer Bilderschau der Tiberstadt diese überwiegen. Die Bilder entstanden vorrangig in den Jahren 2011 und 2012. Unsere Motive stellen allein schon produktionsbedingt verschiedene Tages- und Jahreszeiten dar. Gelegentlich war eine Genehmigung erforderlich, die uns nahezu immer freundlicherweise erteilt wurde. So entstand die Materialfülle, aus der sich für dieses Buch schöpfen ließ. Nachträglich erhielten die Aufnahmen ihren Feinschliff, insbesondere historische Darstellungen wurden aufgebessert.
Aus der großen Vielzahl der Abbildungen ergab sich die Notwendigkeit und Schwierigkeit, vergleichsweise wenige auszusuchen. Darüber hinaus gab es mehr Themen, als man bedienen konnte. Die Entscheidung über die Auswahl der Themen der Stadt und ihrer Ortsteile sowie weiterer thematischer Zusammenstellungen stand Ende 2012 fest. Jedem Thema war zunächst eine Doppelseite zugedacht, gelegentlich wurden daraus zwei. Die Anzahl der Bilder war somit vorgegeben. Die Seiten gruppierten wir in geeignete Kapitel, so dass Zusammenhängendes nicht auseinandergerissen wurde. Eine Einleitung liefert den roten Faden. Das Resultat der Mühen halten Sie in Ihren Händen.
Allen Leserinnen und Lesern wünschen wir informative Stunden mit diesem Bildband und auch Freude an den Zeugnissen vergangener Zeiten, denn in nur wenigen Jahren werden die heutigen Bilder ebenfalls Vergangenheit sein und so als Bilddokument ein Überbleibsel unserer Zeit.
So bleibt das Vergnügen, mit diesem Bildband in Erinnerungen zu schwelgen, womöglich lange erhalten.

Erik Potthoff
Dietmar Rabich

Einleitung

Wird der Versuch unternommen, eine Stadt zu porträtieren, spiegelt sich ihr Charakter, die typische und unverwechselbare Stadtansicht, eher im historisch gewachsenen Zentrum oder ihren Dorfkernen wider als in den überall zu findenden Wohngebieten einer Randlage. Dülmens junges »Gesicht« ist die Folge eines fast vollständigen Wiederaufbaus der 1950er- und 1960er-Jahre, nachdem die über tausendjährige Stadtentwicklung am 21. und 22. März 1945 im Bombeninferno amerikanisch-britischer Luftangriffe praktisch wegradiert wurde. Wo bleibt also dann für den Betrachter der historische Kontext einer sich immer wieder verjüngenden und doch zugleich würdig alternden Stadt? Für Dülmen zeigt er sich fast ausschließlich in den Gegenüberstellungen alter, vergilbter Ansichtskarten und weniger Schwarz-Weiß-Aufnahmen mit der heutigen facettenreichen Stadtansicht. Die Kurzbetrachtung der geschichtlichen Entwicklung Dülmens rundet das Gesamtporträt ab. Seit der Gebietsreform 1975 gehören neben Dülmen-Mitte die sechs Ortsteile Buldern, Hiddingsel, Hausdülmen, Merfeld, Rorup und das Kirchspiel zum Stadtgebiet, in dem rund 46.000 Menschen leben. Die geschichtliche Relevanz für den Dülmener Raum beginnt mit der Unterwerfung der Sachsen durch die Franken um das Jahr 778. In diese Zeit datieren Archäologen die jüngsten Funde eines Einzelhofs vom 8. bis zum 10. Jahrhundert in der Nähe des Evangelischen Friedhofs am Kapellenweg. Den Haupthof der Bauerschaft Dulmen bildete dabei eine sächsische Hofstelle, deren Areal befestigt war und heute noch im Stadtgrundriss zwischen Markt-, Münster-, Lüdinghauser und Coesfelder Straße ablesbar ist. Als Weihehof, zum Wohnsitz und Unterhalt eines Priesters bestimmt, wurde der Haupthof dem neu geschaffenen

Die LWL-Archäologie für Westfalen grub 2012 in der Nähe des Kapellenweges eine Hofstelle aus dem 8. bis 10. Jahrhundert aus. ▼

Bistum Münster übertragen. Die gleichzeitige Entstehung einer Kapelle darf in diesem Zusammenhang vermutet werden. Am Ende der Bischofszeit des hl. Liudger 809 ist das Bistum Münster und damit auch Dülmen fest eingebunden in das karolingische Reich und die adeligen Familienherrschaften des westfälischen Raumes. Unruhige Zeiten veranlassten den Landesherrn, Bischof Burchard von Holte, eine Reihe von Burgen als Grenzfesten zu errichten, darunter 1115 die Burg Dülmen am Zusammenfluss von Heu- und Mühlenbach. Daraus entwickelte sich der Ortsteil Hausdülmen. Um die Verteidigungskraft der Burg zu erhöhen, stellte bereits Bischof Otto III. von Rietberg die Stadtrechtsverleihung in Aussicht, die schließlich am 22. April 1311 durch Bischof Ludwig II. vollzogen wurde. In den ersten drei Jahrhunderten nach der Stadtrechtsverleihung gelangte Dülmen zur ersten Blüte. Seit dem 14. Jahrhundert nahm Dülmen am münsterischen Landtag teil, in dem Adel, Geistlichkeit und Städte bei der Regierung des Fürstbistums ein gewisses Mitspracherecht besaßen. Von 1460 bis 1619 gehörte die Stadt zum hansischen Netzwerk und wurde von der Stadt Münster auf den Lübecker Hansetagen vertreten. Aufgrund dieser Beziehungen importierte die Dülmener Kaufmannschaft Lebensmittel und Gewerbeerzeugnisse aus dem Isselgebiet sowie dem Rheinland und exportierte in die Niederlande vor allem Garn und Leinwand. An der Wende des 16. zum 17. Jahrhundert erlaubte sich die Stadt sogar eigene Münzen zu schlagen. Das Ende dieser Wohlstandsära der Ackerbürgerstadt kündigte sich mit den aufziehenden europäischen Kriegswirren an. Bis zum Ende der fürstbischöflichen Landesherrschaft 1802 wurde die Stadt Dülmen in ihrer Entwicklung immer wieder durch Kriegszüge und Einquartierungen zurückgeworfen – wie die Münsterische Stiftsfehde (1450–1457), den Spanisch-Niederländischen Krieg (1568–1609), den Dreißigjährigen Krieg (1618–1648) und den Siebenjährigen Krieg (1756–1763). Am Ende dieser Kriegsbelastungen war die Stadt nach Abzug der hessischen Truppen aus dem Dreißigjährigen Krieg hoch verschuldet. Erst mit der Industrialisierung des Dülmener Raumes, der nach wie vor im Gesamteindruck ländlich geprägt war, vollzog sich ein zweiter wirtschaftlicher Aufschwung und damit verbunden eine Entwicklung des Ortes über das historische Wallsystem hinaus. Der Errichtung der Eisenhütte Prinz Rudolph 1842 folgte 1873 die Eröffnung der Weberei Bendix. Mit den Fachkräften zogen erstmals Christen protestantischen Glaubens in die Stadt. Weitere Unternehmensgründungen der Metall-, Textil- und Holzbranche folgten. Neben dem Ausbau des Straßennetzes zur napoleonischen Zeit wurde Dülmen 1875 zum Eisenbahnknoten-

Stadtansicht vom Wasserturm entlang der Borkener Straße bis zur St.-Viktor-Kirche

▼

▲
Vom erhöhten Standort am Franz-Hospital liegt dem Betrachter die Innenstadt von Dülmen zu Füßen.

punkt durch die Eröffnung der zweiten Bahnstrecke Dortmund–Gronau.
Ebenso kann sich die Entwicklung im sozial-karitativen und infrastrukturellen Bereich sehen lassen. Zu nennen sind der Ausbau des Schulwesens, die Eröffnung eines Krankenhauses, die Gründung der Stadtwerke mit einer zentralen Gas- und Wasserversorgung für die Stadt Dülmen. Die mit der Inflation einsetzende Arbeitslosigkeit und die sozialen Spannungen führten in der nach einem angezettelten und verlorenen Weltkrieg noch sehr jungen Weimarer Republik zu einem fatalen Nährboden für vorhandenen Antisemitismus und extremen Nationalismus. Besonders nachdem die Nationalsozialisten die politische Macht übernommen hatten, gab es auch in Dülmen Personen, die Terror ausübten, bereitwillig dem totalitären Staat dienten und schwere Schuld auf sich geladen haben. Vielen Dülmener Juden gelang die Flucht ins Ausland, die zehn in der Stadt verbliebenen Juden wurden 1941/42 deportiert und ermordet. Was dann folgte, darf für die Stadt Dülmen als die Stunde null bezeichnet werden. Die Jahre 1945 bis 1956 standen im Zeichen des Wiederaufbaus des völlig zerstörten Ortskerns. Neben dem notwendigen Wohnungsbau, dem Ausbau der Infrastruktur, des Verkehrsnetzes und der Schullandschaft, der Kultur- und Bildungseinrichtungen, der Sport- und Freizeitanlagen gelang es, für Dülmen einen krisensicheren Branchenmix mittelständischer Unternehmen anzusiedeln.
Mit der wirtschaftlichen Prosperität wuchs auch die Einwohnerzahl Dülmens. Trug anfänglich der Zuzug vieler Vertriebener und Flüchtlinge zum Bevölkerungswachstum bei, so waren es später die für Berufspendler so wichtige verkehrsgünstige Schnittpunktlage an Bundesstraßen, Eisenbahnlinien und ab 1981 an der Bundesautobahn 43.
Mit der Ausweisung eigener neuer Wohn- und kleinerer Gewerbegebiete wuchsen die auf ihre selbstständige Geschichte zurückblickenden Dülmener Ortsteile ebenfalls an und steigerten ihre Attraktivität als ländlich geprägter Wohnort. Die große Zeit der Textilindustrie endete für Dülmen mit der Schließung der Firma Bendix im Jahre 1993. Auf dem ehemaligen Firmengelände entstand ein urbanes neues Stadtquartier mit zweitem Dülmener Gymnasium. Auf die Weiterentwicklung dieser kernmünsterländischen Stadt vor der Herausforderung des anstehenden demografischen Wandels darf man gespannt sein.

St.-Viktor-Kirche – Außenansichten

Im Zentrum der Stadt liegt auf einer kleinen Anhöhe, dem Bült, die wieder aufgebaute Pfarr- und Marktkirche St. Viktor. Eine erste Steinkirche im romanischen Baustil wurde nach den vorliegenden Schriftquellen bereits 1074 geweiht. Vermutlich bestand schon 809, dem Todesjahr des ersten Bischofs von Münster, eine erste kleine (Holz-)Kapelle. In enger zeitlicher Nähe zur Verleihung der Stadtrechte 1311 steht auch die Erhebung zur Stiftskirche 1323. Nun folgen fast 170 Jahre Bauzeit, in denen zwischen 1351 und 1443 die beiden gotischen Seitenschiffe errichtet werden. Als 1488 der Altar geweiht wurde, markierte dieser Festakt vermutlich das Ende der Arbeiten am Chorraum. Mit seinen 70 Metern Höhe bildet der Turm den weithin sichtbaren Mittelpunkt der Dülmener Stadtsilhouette.

▲ *Am Ende einer langen Bauzeit präsentiert sich die Dülmener Stadtkirche als uneinheitlicher Bau im Stil der Gotik.*

◀ *Als Baumaterial für die St.-Viktor-Kirche wurde der helle Baumberger Kalksandstein verwendet.*

Die Aufnahme entstand in den 1930er-Jahren vom Flugzeug aus. ▼

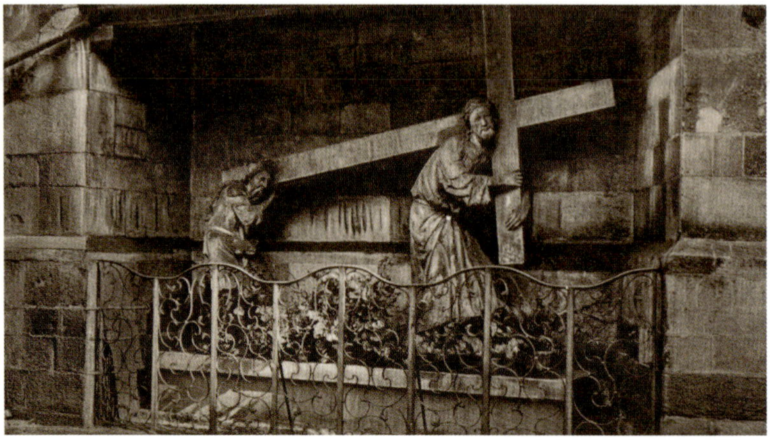

▲ *Die Figurengruppe des alten Dülmener Feldkreuzwegs steht heute im Innenraum der Kirche.*

Aufgrund der Nähe wurde für die Außenfassade der Stadt- und Marktkirche der helle Baumberger Kalksandstein verwendet – ein weicher Sedimentstein, der nach Jahrzehnten immer wieder einer Pflege bedarf. Die jüngsten Sanierungsmaßnahmen wurden Anfang der Jahrtausendwende durchgeführt. Dabei wurde darauf geachtet, dass Spuren der Geschichte, wie etwa die Schleifrillen oder Bombensplitter, nicht entfernt wurden. Da in den Jahren des Wiederaufbaus auch in Dülmen das Geld fehlte, wurde die südliche Langhauswand lediglich in Ziegelstein ausgeführt. Ursprünglich war die Kirche mit Naturschieferplatten eingedeckt.

◀ *Das Hauptportal der Kirche befindet sich im Turmschaft.*

In den 1970er-Jahren wurden zwei Beichträume dem Kirchengebäude hinzugefügt. ▼

▶ *Gut 70 Meter erhebt sich der Turmhelm aus Kupfer über dem Kirchplatzniveau.*

St.-Viktor-Kirche – Innenansichten

Nach einer gründlichen Innenrenovierung in den Jahren 2010/11 präsentiert sich der Kircheninnenraum hell und freundlich. Nach den erheblichen Kriegszerstörungen mussten das Langhaus und der Chor neu aufgebaut und der Kirchturm durch Einziehen von vier Betondecken gesichert werden. Beim Wiederaufbau verlor das ehemals gotische dreischiffige Langhaus seine Gliederung durch Säulen und Kreuzgewölbe. Das Kirchenschiff wird von einer Stahlkonstruktion überspannt, an der eine mehrfach gefaltete Akustikdecke hängt. Anstelle der gotischen Maßwerkfenster belichten romanisierende Dreiergruppen von Fenstern den Raum.

▲ Die Replik der Kreuzwegstation zeigt die Ölbergszene.

Der Innenraum präsentiert sich nach der Renovierung hell und freundlich. ▼

Der Altar und der Fußboden wurden aus hellem Jura-Naturstein gefertigt.

▶

◀

Das Vesperbild von 1450 erhielt eine neue Gestaltung.

▶

1910 präsentierte sich das Kircheninnere nach umfangreicher Renovierung so.

Kirchplatz

Zusammen mit dem Marktplatz bildet der auf einer leichten Anhöhe liegende Kirchplatz damals wie heute den Dülmener Stadtkern. Die großen, zum Teil aus den Jahren 1836/37 stammenden Linden gehören zum seltenen Innenstadtgrün. Bis 1809 war der Kirchhof rund um St. Viktor der Begräbnisplatz für die Stadt und das Kirchspiel Dülmen. Aufgrund der Bevölkerungszunahme und aus hygienischen Einwänden wurde der Friedhof außerhalb der Stadtmauern verlegt. Zu Beginn des 20. Jahrhunderts erhielt der Kirchplatz eine neue Wegepflasterung aus Mosaiksteinen, deren kunstvolle Bildnisse in Teilen noch heute zu sehen sind.

▲ *Vor dem Turm der St.-Viktor-Kirche liegt diese Sterndarstellung, eingearbeitet im Mosaikpflaster.*

Der mit Linden bestandene Kirchplatz ▼

Der Kirchhof wurde 1836/37 mit fünfzig Lindenbäumen bepflanzt.

Die älteren Linden überstanden das Bombeninferno von 1945.

Die Bronzefigur der ehemaligen Mariensäule befindet sich in den Grünanlagen am Kirchplatz.

Kriegerehrenmal 1914/18

Das Dülmener Kriegerdenkmal zur Erinnerung an die gefallenen Soldaten des Ersten Weltkriegs aus dem Jahr 1925 hebt sich in seiner Gestaltung von den vielen Ehrenmalen seiner Zeit ab. Es wurde weder ein Lorbeerkranz, Stahlhelm oder Eisernes Kreuz noch ein ausdrucksstark sterbender Soldat für das Denkmal gewählt. In Dülmen ruht, mit gesenktem Kopf, ein auf einem sarkophagähnlichen Sockel ruhender Löwe als integriertes Element der Kirchplatzmauer. Der Künstler Albert Mazotti aus Münster interpretiert sein Werk wie folgt: »Der Löwe liegt trauernd und nur die Spannung in dem muskulösen Leibe verrät, dass er sich nicht für die Dauer gebeugt niedergelassen hat.«

▲ *Je ein Kragsteinkopf trägt eine Zahl der fünf Kriegsjahre (1914–1918).*

Als Material für das Kunstwerk wurde Grünsandstein gewählt. ▼

Das Bronzerelief mit dem Bild der bombenzerstörten Innenstadt wurde 1995 hinzugefügt.

Aus dem Obergeschoss des alten Rathauses entstand diese Aufnahme.

Der trauernde Löwe steht für den verlorenen Weltkrieg und seine Opfer.

Rathaus

Neben der Unterbringung der städtischen Verwaltung erfüllt das Rathaus die städtebauliche Funktion eines Verbindungselements zwischen dem ruhigen Kirch- und dem belebten Marktplatz. Damit aber der Fußgänger bequem von einem zum anderen Platz wechseln kann, durchbricht ein Tordurchgang das Gebäude. Bereits der 1945 bis auf die Grundmauern zerstörte Vorgängerbau besaß diesen Torweg, der in Dülmen die Bezeichnung »Scharre« trägt und damit an die offene Verkaufshalle der Fleischhauer erinnert. Seine erste urkundliche Erwähnung findet das Rathaus im Jahr 1408.

▲
Der Rathausgiebel, wie er sich von der Marktstraßenseite präsentiert

An diesem Standort wird seit 1408 Lokalpolitik betrieben.
▼

Der Rathausdurchgang, die Scharre, verbindet den Kirch- mit dem Marktplatz.

Hinter einer Putzschicht wurde 1934 überraschend die gotische Backsteinfassade entdeckt.

▲
Die Außengastronomie eines Eiscafés wird insbesondere im Sommer gerne von den Dülmenern und Besuchern angenommen.

Der Jubiläumsbrunnen wurde zum Stadtgeburtstag 1911 von der Bürgerschaft gestiftet.
▼

Marktplatz

Da der Warenhandel gegenüber dem Landesherrn abgabepflichtig war, wurden erste Märkte in Dülmen innerhalb des bischöflichen Haupthofes, dem heutigen Stadtzentrum, abgehalten. Von der westlichen Marktplatzbebauung waren nach der Kriegszerstörung nicht einmal die Außenmauern stehen geblieben. Vom Rathaus stand nur noch die Südwand zum Kirchplatz.

Mit dem Wiederaufbau des Rathauses wurde auch der Marktplatz neu gestaltet und mit einer Bruchsteinmauer zur Marktstraße hin abgefangen. Zum Stadtjubiläum 1986 erfolgte abermals eine Umgestaltung, um insbesondere die unterschiedlichen Höhen zwischen Marktstraße und Marktplatz auszugleichen.

▲
Vor der Marktapotheke auf der linken Bildseite stand bis 1905 eine von etwa 30 öffentlichen Wasserpumpen.

Auf Veranlassung der Nationalsozialisten wurde der Jubiläumsbrunnen vom Marktplatz entfernt, um Platz für Aufmärsche zu haben.
▼

adt-Parfümerie Pieper
vodafone

Heute bildet der Jubiläumsbrunnen von 1911 das gemütliche Ambiente für ein beliebtes Straßencafé. Die Bürger selbst schenkten sich dieses Wasserspiel aus Muschelkalk zur 600-Jahr-Feier der Stadt. Da der Marktbrunnen bei Aufmärschen zur Zeit der NS-Herrschaft störte, wurde er kurzerhand in eine Grünanlage am heutigen Charleville-Mézières-Platz versetzt. 1986 kehrte er in Dülmens »gute Stube« zurück. Durch Krieg und Umsetzung verlor die Gesamtkomposition vom Bildhauer Sommer aus Berlin nach einem Entwurf von Prof. Wilhelm Kreis aus Düsseldorf ihre ursprüngliche »Bekrönung«. Eine aufkeimende Aluminiumkugel des Künstlers Ludwig Dinnendahl ziert seit 1994 die obere Wasserschale.

▲ *Der vergoldete Putto mit Füllhorn ging bei den Umsetzungsarbeiten verloren.*

Jubiläumsbrunnen

◀ *Seit 1994 ziert die Brunnenbekrönung des Künstlers Ludwig Dinnendahl das Wasserspiel.*

▶ *Alles begann mit den Fundamentarbeiten 1911 auf dem Marktplatz.*

Viktorstraße

▲ *Die Viktorstraße bildet einen Teil der Dülmener Fußgängerzone.*

Die Viktorstraße führt vom Marktplatz bis zum Amtsgericht am Königswall. Zur Steigerung der Aufenthaltsqualität und Schaffung attraktiver Einkaufsbereiche wurden ab Mitte der 1970er-Jahre zentral gelegene Straßen rund um den Marktplatz in Fußgängerzonen umgestaltet. Die aktuelle Verschönerung der Innenstadt durch barrierefreie Neupflasterung erfolgte 2009/10. Schon vor dem Krieg war die Viktorstraße eine Geschäftsstraße. Im weiteren Verlauf prägte ab 1910 die A. Laumann'sche Verlagsbuchhandlung das Straßenbild durch ihr Betriebs- und Wohnhaus auf der östlichen und ihr Druckerei- und Bindereigebäude auf der westlichen Straßenseite.

▶ *Blick in die Viktorstraße vom Königsplatz aus*

▲
Marktplatz mit Blick in die Viktorstraße

Nach dem Abriss des Hauses Kissenkötter war der Blick frei vom Königsplatz bis zum Amtsgericht.
▼

▲
Die Viktorstraße erstreckt sich vom Marktplatz bis zum Amtsgericht.

Königsplatz

▲
Detailaufnahme der Bronzefigur von Jürgen Ebert – Dem »Natz von Dülmen« wurde in der Form des historischen Vorbilds, des Gastwirts Bernhard (plattdeutsch: Natz) Ostrop, ein Denkmal gesetzt.

Bebauung der Coesfelder Straße von der Viktor- bis zur Tiberstraße – Der frühere Verkehrsraum wurde 2010/11 zu einem innerstädtischen Platz umgestaltet, an dem auch Außengastronomie betrieben wird.
▼

Nach der Eroberung des Münsterlandes durch die Franken wurden an den Land- und Wasserstraßen befestigte Höfe angelegt, die als Königshöfe bezeichnet wurden. Vermutlich erhielt der Königsplatz seinen Namen aus einer Wegeverbindung zum Schulzenhof König in Weddern. Bis zum Bau der beiden Dülmener Eisenbahnlinien 1870 bzw. 1875 wurde der gesamte Fahrgastverkehr über Postkutschen abgewickelt. Seit 1723 war die Posthalterei im Gasthaus der Familie Berning ein wichtiger Poststraßenknotenpunkt. Als Teil des neuen Innenstadtkonzeptes wurden dieser Bereich der Coesfelder Straße verkehrsberuhigt und der Platzcharakter wiederhergestellt.

▲ *Der Königsplatz mit Blick in die Bergstraße bis zur Münsterstraße (1920er-Jahre) zeigt sich als kleiner, offener Platz.*

Königsplatz und Coesfelder Straße von der Markt- bis zur Tiberstraße – Über viele Jahrzehnte betrieb die Familie Berning in dem hellen Haus (Bildmitte) die Haltestelle zweier Postkutschenlinien. ▼

▲ *Die Fußgängerzone wurde 2010 barrierefrei mit neuem Verbundsteinpflaster gestaltet.*

Marktstraße – Königsplatz bis Marktgasse

Dieser Teil der Marktstraße verbindet den Königsplatz mit dem Marktplatz. Durch ein in die Pflasterung integriertes Wasserfontänen-Feld und neue Sitzgelegenheiten lädt die Marktstraße beim Einkaufsbummel durch die Dülmener Innenstadt zum Verweilen ein. Wo heute Modeboutiquen und Handelsketten um die Kunden werben, wurde vor 70 Jahren Bier ausgeschenkt. Die Familien Rössing und Havestadt betrieben einträchtig nebeneinander über viele Jahre jeweils eine Schankwirtschaft. Die Dülmener Region war schon früh für ihre Brenne- und Brauereien bekannt.

Die obere Marktstraße mit Blick auf den Königsplatz (um 1909)

Historische Ansicht vom Königsplatz in die Marktstraße (um 1910)

Das Fontänenfeld wird von Kindern als ein toller Wasserspielplatz angenommen.

Marktstraße – Marktgasse bis Borkener Straße

Die obere Marktstraße, zwischen Lüdinghauser und Coesfelder Straße gelegen, zählt sicherlich zu den ältesten Wegeverbindungen in Dülmen. Sie entwickelte sich entlang der westlichen Grenze eines mit Wall und Graben umgebenen größeren sächsischen Haupthofes, der zugleich der Bauerschaft Dulmen ihren Namen gab. Die heutige Münsterstraße als Verbindung für den überörtlichen Verkehr gab es bis 1945 noch nicht. Die Autos konnten das Stadtzentrum nur über die Marktstraße durchqueren, die auf Höhe der Marktplatzzufahrt ihre engste Stelle als das gefürchtete Nadelöhr hatte.

Der höher gelegene Marktplatz ist mit einer Bruchsteinmauer zur Marktstraße hin abgefangen.

Da der Marktplatz vom Niveau höher als die Marktstraße liegt, gibt es am Rathaus eine Auffahrt.

Die Eisenwarenhandlung Timpte betrieb auch die erste Tankstelle in Dülmen.

Die Wohn- und Geschäftshäuser der Marktstraße mit Blick in die Marktgasse

Marktstraße – Borkener Straße bis Südring

Dieser Teil der heutigen Marktstraße wurde bis zur Einführung verbindlicher Straßennamen im Jahr 1902 als »Große Burgstraße« bezeichnet. Diese Bezeichnung war naheliegend, da die Wegeverbindung zur ehemals fürstbischöflichen Burg, dem Haus bei Dülmen, ausgerichtet war. Bereits vor dem Krieg boten kleinere Geschäfte ihre Waren in den Auslagen an. Heute teilen sich Fußgänger und Fahrzeuge den beruhigten Verkehrsraum untereinander auf. Die Geschäftsräume waren damals wie heute trotz zentraler Innenstadtlage auf die Erdgeschosse beschränkt.

Der Straßenabschnitt von der Lüdinghauser Straße bis zum Südring ist verkehrsberuhigt.

▶
Auf Höhe der heutigen Domänenrat-Kreuz-Straße eröffnete sich ein Blick auf das Schloss durch den Schlossbogen.

Die Marktstraße in den 1930er-Jahren
▼

Auf dem Gelände der ehemaligen Schlossgärtnerei südwestlich des Tiberturms entstand eine kleine Wohnsiedlung.

Von Hand wurde die alte Ansicht des Tiberturms nachkoloriert.

Tiberturm

Der am Südring gelegene Tiberturm war neben dem Buddenturm vom Westring und dem Lorenkenturm am Nordring der dritte Rundturm zur Verstärkung der Dülmener Stadtbefestigung. Mit seinen 16,6 Metern war er das niedrigste Verteidigungsbauwerk der Stadt. Von Stockwerk zu Stockwerk verringerte sich nach oben die Mauerstärke des zweigeschossigen Turmes, da mit Einschlägen von Kanonenkugeln eher im unteren Teil gerechnet wurde. 1827 ging der Tiberturm in den Besitz des Herzogs von Croÿ über. Im Zweiten Weltkrieg erlitt er einen Bombenvolltreffer und wurde nicht wieder aufgebaut.

Ein Teil der mittelalterlichen Stadt – Kirchturm, Stadtmauer und Tiberturm

Der Tiberturm verschwand durch Kriegszerstörung aus der Stadtsilhouette.

Lorenkenturm

Die Dülmener Stadtbefestigung und mit ihr die Türme zur Verstärkung der Verteidigungsanlage entstanden im 14. Jahrhundert. Eine Backsteinmauer ersetzte dabei vermutlich den bisherigen Palisadenwall. Die Ursprünge der Bezeichnung Lorenkenturm liegen im Dunkel der Geschichte. In den heute noch zugänglichen Urkunden wird der Rundturm am Nordring, der eine Zeit lang als Arrestzelle diente, auch als Laurenzturm oder als Laerhennekenturm bezeichnet. Nach abschnittsweisem Abriss der Stadtmauer im 18. Jahrhundert entstanden an den Ringstraßen schmale, meist Fachwerkhäuser. Durch den Bau eines Wohn- und Geschäftshauses mit angrenzendem Parkdeck am Königswall sowie eines Witterungsschutzes im Übergang zum Turm wurde die Lorenkenpassage geschaffen, die an der Turmbasis einen Brunnen erhielt, der an die Einspeisung des Tiberbaches in den Stadtgraben erinnern soll.

Hinter der Südseite des Lorenkenturms befindet sich das Amtsgericht, direkt am Turm der Zugang zur Lorenkenpassage.

▲
Ansicht des Nordrings aus Richtung Münster- in Richtung Viktorstraße (1930er-Jahre), im Hintergrund der Lorenkenturm und der Nordring bis zur Coesfelder Straße. Die Häuser an den Mauerringen, hier der Nordring, waren niedrig und in ihrer Grundfläche klein.

▶
Abzug von einer Glasnegativplatte mit dem Blick über die Gärten am Königswall auf die rückseitigen Häuser des Nordrings

▲
Der rekonstruierte Stadtmauerrest mit Durchgang für Fußgänger spiegelt die vergangenen Zeiten wider.

Nonnenturm

Es wird angenommen, dass der Nonnenturm der älteste Turm der ehemaligen Stadtbefestigung ist und vermutlich zu Beginn des 16. Jahrhunderts erbaut wurde. Erst seit dem 18. Jahrhundert wird die Bezeichnung »Nonnenturm« in Erinnerung an die unmittelbare Nachbarschaft zum 1471 errichteten Augustinerinnen-Kloster »Agnetenberg« gebräuchlicher. Bis dahin bezog der Mauerturm seinen Namen »Pulverturm« aus der Tatsache, dass in ihm das Schießpulver für die Feuerwaffen der Bürgerwehr gelagert wurde.
Ab Mitte des 17. Jahrhunderts verfiel die durch Kriegsschäden in Mitleidenschaft gezogene und funktionslose Dülmener Befestigungsanlage zunehmend. Wegen Baufälligkeit wurden drei Türme und vier Tore abgebrochen. Um 1730 wurden der »wüste Turm« sowie zuvor der »Wallgarten« am Nonnenturm verkauft und befinden sich seitdem in wechselndem Privatbesitz.

▲
Der Turm wurde nach seiner Umgestaltung als Gartenhaus genutzt.

◀
Bis in die Gegenwart blieb der Nonnenturm in den Händen privater Eigentümer.

▶
Von der Münsterstraße führt die Nonnengasse entlang der Klostermauer zum Ostring.

OTHEKE

▲ *Figurenkopf der neugotischen Ergänzungen am Lüdinghauser Tor aus dem Jahre 1908*

▲ *Zwischen den Türmen öffnet sich der Blick bis zur Pfarrkirche St. Viktor.*

Lüdinghauser Tor

Das Lüdinghauser Tor ist für Dülmen zum Wahr- und Erkennungszeichen geworden. Von der ehemaligen mittelalterlichen Stadtbefestigung stammen jedoch lediglich die zwei Rundtürme aus Ziegelmauerwerk. Sie wurden zur Verstärkung der Toranlage etwa Mitte des 15. Jahrhunderts flankierend errichtet und mit einem hölzernen Wehrgang verbunden. Durch mangelnde Bauunterhaltung infolge der erdrückenden Schuldenlast nach dem Ende des Dreißigjährigen Krieges zerfiel das ursprüngliche Torhaus und wurde ebenso wie der Wehrgang zwischen 1755 und 1825 beseitigt.
Seit 1908 verbindet der neue Mittelbau mit Durchfahrt, der dem alten Stadttor nachempfunden wurde, wieder die zwei Türme. Heute ist das Tor ein beliebtes Fotomotiv.

Das Stadttor am Ende der 1930er-Jahre stadtauswärts aufgenommen ▼

◀ *Lediglich die zwei Rundtürme sind Reste des historischen Stadttores.*

508

Lüdinghauser Tor – Durchblicke

Zu allen Zeiten zählte der Tordurchblick, ob durch ein Torhaus einer Hofzufahrt, durch den Rosenbogen einer Gartenpforte oder den Bogen eines Stadttores, zu den beliebtesten Motiven der Fotografie. Dabei gab die Stadt das Zwischenbauwerk, das zwei ehemalige Wehrtürme zu einem neuen Torhaus verbinden sollte, erst 1908 in Auftrag. Den richtigen Durchblick gibt es in Dülmen gleich zweimal. Einmal in Richtung der historischen Stadtkirche und einmal in Richtung der Grabeskirche der Anna Katharina Emmerick.

Kleinstadtidylle der 1930er-Jahre – Das mittelalterliche Stadttor gibt den Blick auf den die Bürgerhäuser überragenden Kirchturm frei, und im Vordergrund spielen Kinder auf der Straße.

Der Stadttorbogen mit dem Blick in die Lüdinghauser Straße bis zum Marienplatz

Der Wiederaufbau in den 1950er-Jahren schuf große Verkehrsadern, die die Stadt von Süd nach Nord und von Ost nach West durchschneiden.

Die beiden Kegeldächer kennzeichnen das Lüdinghauser Tor.

Ansicht um 1900 – der Ostring vom Nonnenturm bis zur Lüdinghauser Straße

Die in Dülmen nach den Himmelsrichtungen benannten Ringstraßen stammen noch aus der Zeit der städtischen Selbstverteidigung. In erster Linie diente die Stadtbefestigung dazu, sich vor versprengten, marodierenden Söldnern zu schützen. Jedes Stadtviertel, jede Nachbarschaft hatte im Alarmfalle den zugewiesenen Bereich der Stadtmauer zu verteidigen. Um jeden Abschnitt der Mauer erreichen zu können, verliefen an ihrer Innenseite die Ringstraßen. Dem Nonnenturm gegenüber befand sich über 300 Jahre die Kirche des Augustinerinnen-Klosters Agnetenberg.

Ostring und Kloster Agnetenberg

Vom Nonnenturm bis zum Lüdinghauser Tor

Über der engen Ringbebauung erhebt sich das mittelalterliche Stadttor.

Nordring

Die nördliche schmale Ringstraße des mittelalterlichen Stadtgrundrisses lässt kaum einen Begegnungsverkehr zu. Von der Münster- bis zur Viktorstraße gibt es daher eine Einbahnregelung. Die heute als idyllisch wahrgenommene enge Gassenstruktur schuf sehr beengte Wohn- und Lebenssituationen. Ähnlich wie in anderen Städten wäre es auch in Dülmen schwergefallen, in solchem historischen Gebäudebestand eine sinnvolle und nachhaltige Nutzung zu integrieren. Ohne den heutigen modernen Binnen- und Zielverkehr war die Gasse der 1930er-Jahre für die städtische Jugend der tägliche Abenteuerspielplatz.

▲
Sicht auf den Nordring von der Coesfelder Straße aus

▶
Seit 1945 ist der Lorenkenturm freistehend. Früher diente er der Verstärkung der Stadtmauer.

Ohne Autoverkehr konnte die Straße vor dem Haus gut als Spielfläche der Kinder genutzt werden.

Das leichte Gefälle des Nordrings von der Münster- zur Coesfelder Straße ist damals wie heute gut zu erkennen.

Westring

Bereits ab Beginn der 1980er-Jahre entwickelte sich die Innenstadt und dehnte sich bis zum Westring aus. Hier entstanden mit dem Neubau der Sparkasse (1984) und dem Bau der Overbergpassage (1994) zwei den großen Parkplatz einfassende städtebauliche Gebäudekanten. Der Bereich des Westrings, der an die Borkener Straße grenzte, galt bis in das 20. Jahrhundert hinein als Armenviertel der Stadt. Hinter der schmalen, meist aus Lehmfachwerk bestehenden Bebauung stießen die Hausgärten an den Stadtgraben, der hier als Waschstelle genutzt und daher aufgestaut wurde. Vom 1770 bereits abgebrochenen Buddenturm, der am Westring die Stadtmauer verstärkte, blieb lediglich eine Grundrisszeichnung erhalten.

▲

Der Westring beginnt an der quer verlaufenden Coesfelder Straße. An der Stelle des hellen Eckhauses rechts befindet sich heute das Zweiradzentrum Dülmen.

Die Familie des Schmieds Albert Schmitz präsentiert sich dem Fotografen vor dem Haus am Westring.

▼

◀

Die Ringbebauung zum Overbergplatz entfiel nach der Kriegszerstörung. Heute laden Bistrotische vor einem Café zum Platznehmen ein.

Südring

Im Schatten der alten Stadtmauer waren die Grundstücke wie etwa am Südring teilweise nur 100 bis 120 Quadratmeter groß. Beim Wiederaufbau der Stadt entstanden durch Grundstücksumlegungen größere Einheiten und auf beiden Straßenseiten Mehrfamilienhäuser in Blockform. Da die Bebauung nun deutlich mehr Abstand von der eigentlichen Straßenfläche hielt, wurde dem Südring mehr Raum gegeben. Nach der Sanierung und energetischen Verbesserung des Eckhauses zur Marktstraße musste die Zeichnung des Stadtpatrons St. Viktor an der Hausfassade völlig neu erstellt werden.

Der Stadtpatron St. Viktor als Zeichnung auf einer Hauswand am Südring

▲

Über den Dächern der kleinen Fachwerkhäuser am Südring ist der Wasserturm zu erkennen.

◀

Zur Linderung der Wohnungsnot nach dem Zweiten Weltkrieg entstanden am Südring überwiegend Wohnblocks.

▶

Der Tiberturm war nur 16,6 Meter hoch und hatte einen Durchmesser von 6,1 Metern.

Schloss

Infolge der Französischen Revolution und der späteren Zerschlagung des Fürstbistums Münster erhielt Herzog Anna Emanuel von Croÿ als Entschädigung das Amt Dülmen (1803–1806) als reichsunmittelbare Grafschaft. 1834 wurde mit dem Bau eines Residenzschlosses im Hauptort der herzoglichen Standesherrschaft Croÿ-Dülmen im Königreich Preußen begonnen. Für den Schlossbau im Empirestil verlegte der aus Tirol stammende Maurermeister Aloys Kirschner seinen Firmensitz von Havixbeck nach Dülmen. Das 1945 kriegszerstörte Schloss wurde nicht wieder aufgebaut. Über seinen ehemaligen Standort verläuft heute die Halterner Straße in Höhe eines Einkaufsmarktes.

◀

Die Grundsteinlegung zum Schloss erfolgte 1834. Die Ansichtskarte von 1902 zeigt die Vorderseite.

Das Dülmener Schloss war eingebettet in einen Landschaftsgarten nach englischem Vorbild.

Wie ein Passepartout fasste der Schlossbogen ab 1878 das repräsentative Stadtschloss der Herzöge von Croÿ ein.

Es wurde im Empirestil erbaut und ähnelte dem herzoglichen Schloss Hermitage in Belgien.

Links der Schlosszufahrt befand sich der Marstall, in dem auch Wohnungen für das Personal untergebracht waren.

▲

Der Dülmener Schlosspark gehörte mit seinen teils exotischen Pflanzen zu den bemerkenswertesten Landschaftsgärten Westfalens.

Schlosspark

Inmitten der Dülmener Innenstadt hat sich ein Teil der ursprünglich etwa 33 Morgen umfassenden Parkanlage erhalten. Bereits kurz nach der Ankunft des Herzogs von Croÿ in Dülmen erfolgte 1804 durch Tausch der Erwerb eines umfangreichen Grundbesitzes zwischen Burgstraße (heute Marktstraße) und Stadtgraben. Der ab 1861 zu einer englischen Parkanlage umgestaltete Schlossgarten stand der Bevölkerung bis 1945 nur einmal im Jahr am Weißen Sonntag zur Verfügung. Die Erweiterung des Krankenhauses, Seniorenwohnungen und Altenpflegeeinrichtungen sowie gewerbliche Bauvorhaben griffen bis heute in den Schlosspark ein.

▲

Ein Teehaus im Stil eines Schweizer Berghauses lag auf modelliertem Gelände und war ein besonderer Blickfang.

In dem auch als Orangerie bezeichneten großzügigen Gewächshaus konnten auch Pflanzen aus südlicherem Klima gedeihen.

▼

◀

Seitdem die durch einen Bombentreffer zerstörte Lehmschicht in den 1980er-Jahren erneuert wurde, hält der Teich im Schlosspark wieder Wasser.

Schlossstraße

Die heutige Schlossstraße bezieht ihren Namen aus dem ehemaligen Stadt- und Residenzschloss der Herzöge von Croÿ, das in Höhe der heutigen Halterner und Domänenrat-Kreuz-Straße errichtet wurde. Die Gasse, die vom Burgtor auf die Pfarrkirche St. Viktor zuführte, hieß bis 1945 Halterner Straße. In einem von der Straßenfront zurückliegenden repräsentativen Wohnhaus (vermutlich 1628 als Dienstsitz des Stadtrichters errichtet) wurden 1645 Vorverhandlungen zum Westfälischen Frieden geführt. Die Verhandlungen gingen als Dülmener Vertrag in die Regionalgeschichte ein.

Die frühere Halterner Straße heißt heute Schlossstraße. In einem der damaligen Häuser wurden Vorverhandlungen zum Westfälischen Frieden geführt.

Der Blick fällt vom Schlossvorplatz in die ehemalige Halterner Straße.

Ihr Gassencharakter ist der heutigen Schlossstraße im Straßenbild noch anzusehen.

Gerade in der Innenstadt sind die Flächen für den ruhenden Verkehr knapp.

Halterner Straße

Mit der Kriegszerstörung Dülmens änderte sich die Ortsdurchfahrt von Süden nach Norden. Über die Schutt- und Trümmerberge der historischen Innenstadt legten kurz nach Kriegsende amerikanische Räumpanzer eine von manchen schlicht »USA-Straße« genannte Trasse an, die von der Halterner Straße (Ecke Mühlenweg) über das Schlossgrundstück unmittelbar an der St.-Viktor-Kirche vorbei bis zur Alten Sparkasse an der Münsterstraße führte. Später wurde diese Straße im Innenstadtbereich weiter nach Osten verlegt. Die Errichtung des Kaufhauses am Schlosspark mit einem Textilanbieter und einem Lebensmittelmarkt zwischen 2007 und 2008 war als erster Baustein zur Entwicklung und Belebung der östlichen Innenstadt gedacht.

Dort, wo heute die Straßenfläche verläuft, stand von 1842 bis 1945 das Schloss der Herzöge von Croÿ.

Mehrgeschossige Geschäfts-, Büro- und Wohngebäude säumen die Dülmener Ortsdurchfahrt von Süd nach Nord.

Die alte Wagenremise des Dülmener Stadtschlosses wurde über viele Jahre als Bürogebäude der herzoglichen Domänenverwaltung und anschließend als Musikschulgebäude genutzt.

Heute erinnern sechs Stelenwände aus Naturstein an die Raumkante der alten Wagenremise.

Lüdinghauser Straße

Vom Lüdinghauser Tor bis zur Kötteröde fällt die Lüdinghauser Straße um mehrere Meter ab. Dass Dülmen lange Zeit eine Ackerbürgerstadt war, spiegelte die Architektur ihrer Häuser wider. Das große Einfahrtstor zur Tenne lag auf der Giebelseite des Hauses, darüber die Bodenöffnung zur Lagerstätte von Heu, Stroh und Getreide.
Um den Anforderungen des modernen Straßenverkehrs gerecht zu werden, erfolgte der Wiederaufbau der Dülmener Innenstadt an den Hauptwegeverbindungen in ausreichender Straßenbreite. Aus verwinkelten und teils malerischen Straßenansichten mit Kopfsteinpflaster wurden nun asphaltierte Durchgangsstraßen.

Der Zugang zwischen den Häusern der Kirchplatzbebauung an der Lüdinghauser Straße wurde kurz als »Treppken« bezeichnet.

Die Kreuzung der Ost-West- und der Nord-Süd-Verbindung war insbesondere vor dem Bau der Autobahn 43 ein hoch frequentierter Verkehrsknotenpunkt.

Unmittelbar hinter dem Lüdinghauser Tor öffnete sich der Blick in den Teilabschnitt der Lüdinghauser Straße vom Ostring bis zum Kirchplatz St. Viktor.

Die Ansichtskarte um 1900 zeigt nur einen der beiden Rundtürme des Lüdinghauser Tores. Das Verbindungsbauwerk wurde erst 1908 hinzugefügt.

Zum Flanieren und Spazierengehen wurde 1910 nicht nur das Trottoir, sondern auch die ganze Fahrbahn genutzt.

KRONEN

Borkener Straße

Ein Teil der alten Borkener Straße gehört heute ganz den Fußgängern. Außengastronomie und Straßenbegleitgrün prägen die Sicht- und Wegeverbindungen. Als Neustraße (plattdeutsch: Niestroat) entstand die heutige Borkener Straße vermutlich erst zwischen dem 14. und 15. Jahrhundert. Handwerker und Geschäftsleute boten hier ihre Dienste und Waren an. Im Straßenabschnitt zwischen der Tiberstraße und den Ringstraßen befand sich zwischen 1870 und 1890 die Neusträßer Schule, die aufgrund der angestiegenen Schülerzahl als Behelfsunterkunft der Volksschule am Bült diente.

Der Straßenabschnitt von der Tiberstraße bis zur Kötteröde wurde erst mit dem Wiederaufbau der Stadt angelegt.

Bis in die 1920er-Jahre hieß die Borkener Straße Neustraße. Rechts bog der Süd-, links der Westring ab.

An der Marktstraße, gegenüber dem Kriegerehrenmal, begann die Borkener Straße und führte nach Merfeld.

Der Eichengrün-Platz lädt insbesondere bei gutem Wetter durch sein Angebot an Außengastronomie zum Verweilen ein.

Das Straßenniveau fällt zur Tiberstraße ab: Die Coesfelder Straße von der Münsterstraße bis zum Königsplatz

Coesfelder Straße

Aufgrund des leichten Höhenunterschiedes zwischen der Münster- und der Marktstraße wurde dieser Teil der Coesfelder Straße früher auch »Bergstraße« genannt. Damals wie heute wartete die Coesfelder Straße mit einem Hotelbetrieb zur Unterbringung von Gästen auf. Bereits seit 1800 ist an diesem Ort eine Wirtschaft nachweisbar, die Bernhard Ostrop kurz nach seiner Heirat 1824 zu einer Herberge mit Übernachtungsmöglichkeiten ausbaute. Der Familie Ostrop folgten als Besitzer Alex Kalvelage, die Geschwister Hilger und seit 1960 die Familie Lehmkuhl.

Die Coesfelder Straße bildet mit ihren Wohn- und Geschäftshäusern die nördliche Grenze der Innenstadt.

Das zweigeschossige Haus auf der linken Seite war das Hotel Kalvelage. Gebaut hatte es der Gastwirt Bernhard Ostrop, der legendäre »Natz von Dülmen«.

Die Aufnahme entstand später und zeigt in der Bildmitte den Neubau der Familie Reinermann am Königsplatz.

Nach ihrer Umgestaltung präsentiert sich der Teil der Coesfelder Straße von der Münsterstraße bis zum Lohwall verkehrsberuhigt.

Münsterstraße

Die Münsterstraße mit ihren Geschäften und Ladenlokalen bildet die Grenze zur östlichen Innenstadt. Die Geschichtsschreibung geht davon aus, dass die Urzelle der dörflichen Entwicklung Dülmens auf einen sächsischen Haupthof zurückzuführen ist, der mit Wall und Graben umgeben war. Der heutige Verlauf der Münsterstraße bildete die östliche Grenze dieser Hofanlage. Der auf die Lüdinghauser Straße führende Teil der Münsterstraße, die in einem Fuß- und Radweg endete, wurde bis 1945 im Volksmund »up'n Schild« genannt und vom Verkehr nur wenig frequentiert.

▲ *Das Metallrelief an der Münstertorapotheke zeigt die Heiligen Kosmas und Damian und stammt aus der Werkstatt Ewald Matarés.*

Die Münsterstraße als innerstädtische Verkehrsader räumt dem Auto- wie dem Radfahrer seinen Straßenraum ein. ▼

Zur Attraktivierung der Innenstadt erfuhr der Platz vor den Arkaden an der Münsterstraße 2011 eine Neugestaltung.

Im Hintergrund der Häuserzeile auf der linken Straßenseite ragt der Turm der evangelischen Kirche hervor.

Aus der Froschperspektive zeigt sich eine einheitliche Wiederaufbauarchitektur der 1950er- und 1960er-Jahre.

Alte Sparkasse und Metropol-Theater

Von 1949 bis 1982 wurden im Metropol-Theater an der Münsterstraße Kinofilme aufgeführt. Nach dem Umbau zu einem Einkaufsmarkt mit Parkdeck erinnert nur noch die einzigartige Stuckdecke auf der Auto-Stellfläche an die Theater- und Kinozeit des Gebäudes. Bereits 1931 zog die zunächst im Rathaus am Marktplatz 1856 gegründete Stadtsparkasse zur Münsterstraße um. Nach dem Krieg erfolgte an gleicher Stelle der Wiederaufbau. Nach weiterer Expansion und Umzug zum Overbergplatz wird das Gebäude der »Alten Sparkasse« seit mehr als 25 Jahren als Kultur- und Weiterbildungseinrichtung sowie für die Verwaltung genutzt.

▲ *Neonbeschriftung und Uhr der Alten Sparkasse, dem heutigen städtischen Verwaltungsgebäude*

Neben der Volkshochschule und einem Teil der Sport- und Kulturverwaltung der Stadt Dülmen befinden sich im Erdgeschoss der Alten Sparkasse Veranstaltungs- und Ausstellungsräume. ▼

▲

Durch den Wiederaufbau an der Münsterstraße entstand 1949 neben dem Gebäude der Stadtsparkasse das Metropol-Lichtspieltheater.

▶

Ein Bild aus der Zeit der Jahrhundertwende. Die Brennerei und Wirtschaft Deipenbrock-Runte, links, gehörte zu den ältesten Gasthäusern Dülmens.

Synagoge

Von dem jüdischen Leben in Dülmen blieben nach dem Ende des NS-Unrechtregimes nur noch Orte der Erinnerung. Auf einem Grundstück an der Münsterstraße, welches im vorderen Wohnhaus die jüdische Privatschule beherbergte, wurde 1864 eine neu errichtete Synagoge eingeweiht. Dass es sich bei dem in der Pogromnacht vom 9. auf den 10. November 1938 bis auf die Grundmauern niedergebrannten Gotteshaus um einen im Grundriss eher rechteckigen Baukörper handelte, war in Dülmen lange Zeit nicht mehr bekannt. Heute befindet sich dort eine Garagenanlage.

▲

Die Bronzetafel mit dem Hinweis auf die ehemalige Synagoge wurde 1988 am Haus gegenüber angebracht.

Wo einst das Gebetshaus der jüdischen Gemeinde Dülmens stand, befinden sich heute Garagen und Gärten. Das Kegeldach gehört zum Lorenkenturm.

▼

Die seltene Aufnahme zeigt das Innere der Dülmener Synagoge an der Münsterstraße im Jahr 5696 des Jüdischen Kalenders.

Die 1864 errichtete Synagoge lag von der Münsterstraße etwas zurück.

Tiberstraße

Der sich aus den drei Bächen speisende Tiberbach versorgte nicht nur die Wassergräben der mittelalterlichen Stadtbefestigung, sondern verlief bis zu seiner Kanalisierung 1882 offen durch die Stadt und gab der Tiberstraße ihren Namen. Es darf spekuliert werden, dass der innerstädtische Wasserlauf als Gewerbebach genutzt wurde. Neben der Markt- und der Viktorstraße wurde in den 1980er-Jahren auch die Tiberstraße zu einer autoarmen Einkaufsstraße ausgebaut. Den geschwungenen Straßenverlauf hat sie sich in ihrer ursprünglichen Anlage bewahrt. Die Tiberstraße bildet gleichzeitig den tiefsten Punkt der Dülmener Innenstadt.

In den 1980er-Jahren entstanden viele der Wohn- und Geschäftshäuser neu. Heute ist die Tiberstraße Teil der Fußgängerzone Dülmens. ▼

Vor der Anlage der Kanalisation floss der Tiberbach an dieser Stelle offen durch die Stadt.

Die Bärenskulptur wurde 1987 von der Holzschnitzerschule für das Land Oberbayern in Garmisch-Partenkirchen gearbeitet und aufgestellt.

Der 14 Meter hohe Maibaum ist mit den Wappen der Dülmener Ortsteile und Partnerstädte geschmückt.

Eichengrün-Platz

In Erinnerung an ein Stück verloren gegangene jüdische Kultur wurde 2009 der Platz zwischen alter Borkener und neuer Borkener Straße überarbeitet und ein Klangkunstwerk von Esther Dischereit und Dieter Kaufmann installiert. Mit der Übergabe an die Öffentlichkeit erfuhr dieser Ort die Neubenennung Eichengrün-Platz. In dem Eckhaus Tiberstraße und Borkener Straße betrieb Josef Salomon eine Metzgerei. Die Gebrüder Eichengrün hatten bis zu den jüdischen Repressionen ein großes Kaufhaus in der Marktstraße, ganz in der Nähe der Borkener Straße.

▲

Die Klanginstallation hat nationale und internationale Aufmerksamkeit erlangt. Klangbilder führen zurück auf das Leben einer jüdischen Gemeinde.

Neben dem Markt- und dem Königsplatz zählt der Eichengrün-Platz zu den belebtesten Orten der Dülmener Innenstadt.

▼

Die Häuser standen dort, wo sich heute der Platz zur Borkener Straße öffnet. Das Schaufenster am rechten Bildrand gehörte noch zur Metzgerei Salomon.

Eine Ansicht der 1940er-Jahre. Die damalige Bebauung liegt heute an der alten Borkener Straße.

Mitten zwischen den Tischen und Stühlen der Außengastronomie steht die Bronzegruppe der Dülmener Wildpferde, die sehr gerne von Kindern bespielt wird.

Einladende Plätze unter freiem Himmel vor Bistro, Eiscafé und Gastwirtschaft

Amtsgericht

Im Zuge der Reichsgründung 1871 ordneten sich das Gerichtswesen und der Gerichtsaufbau neu. Das Preußische Amtsgericht Dülmen wurde zunächst in den oberen Räumen des Rathauses untergebracht. Auf dem in der damaligen Nordfeldmark 1893 erworbenen Grundstück bezog die Stadt Dülmen 1897 das neue Amtsgerichtsgebäude am heutigen Königswall im Neorenaissancestil. Trotz Kriegseinwirkungen erhielt sich das äußere Erscheinungsbild. Über einen maßvollen Anbau aus dem Jahre 2007, der sich gegenüber der historischen Bausubstanz zurücknimmt, können alle Gerichtsräume barrierefrei erreicht werden.

Mit Ausnahme des Schmuckgiebels, dessen Dach heute abgewalmt ist, präsentiert sich das Amtsgericht im von außen gut restaurierten Gebäude aus dem Jahr 1896. ▼

Der notwendige Erweiterungsbau hebt sich mit seiner heutigen Architektursprache deutlich vom historischen Gebäudeteil ab, bildet aber dennoch eine schöne Ergänzung.

Das Preußische Amtsgericht von 1896 am Königswall

Die alte Ansicht aus dem Jahr 1910 zeigt nicht nur das neu erbaute Amtsgericht, sondern lässt auch die Spitze des 1892 errichteten Turms der evangelischen Kirche erahnen.

Overbergplatz

Von 1900 bis 1970 prägte der Wasserturm die Silhouette der Stadt. Nach dem Abtragen der Befestigungsanlagen, bestehend aus Stadtmauer und Wall, wurde die Wiese am Stadtgraben über viele Jahrzehnte zum Bleichen der Wäsche genutzt. Mit dem Bau eines neuen Feuerwehrgerätehauses im Jahre 1937 an der Ecke Borkener Straße und Lohwall verschwanden Wasserstelle und Bleiche. Seit dieser Zeit wandelte sich die Freifläche vor der 1909 errichteten Overbergschule zum Fest- und Rummelplatz. Erst mit dem zunehmenden Autoverkehr fiel dem Overbergplatz mehr und mehr die Rolle des innerstädtischen Hauptparkplatzes zu. Mit dem Cinema Dülmen erhielt die Stadt im August 2001 nach jahrelangen Bemühungen wieder ein Filmtheater.

▶ *In der Nähe der Overbergpassage befinden sich für jeden Dülmener Ortsteil Bronze-Stelen, die mit reliefartigen Darstellungen ihrer Sehenswürdigkeiten bestückt sind.*

Die Overbergpassage mit Läden, Stadtbibliothek und Büroflächen wurde im April 1994 fertiggestellt. ▼

Seit 2001 bietet das Cinema Dülmen Filmerlebnisse auf insgesamt sechs Kinoleinwänden.

Der aufgestaute Stadtgraben, der zwischen Westring und Lohwall floss, wurde zum Wäschewaschen genutzt. Die heutige Fläche des Overbergplatzes diente als Bleiche.

Am Standort des ehemaligen Spritzenhauses entsteht 1984 der Neubau der Stadtsparkasse Dülmen, der seit 2003 den Hauptsitz der fusionierten Sparkasse Westmünsterland bildet.

Overbergschule

Da der demografische Wandel heute zur Schließung von Klassen und Schulen führt, dient das Gebäude der ehemaligen Volks- und späteren Grundschule der Sparkasse Westmünsterland als Bürokomplex. Das ehemalige Eingangsportal wurde in das Foyer des Dülmener Kinos als besonderes Stilelement integriert. Die zunehmende Schülerzahl führte ab Mitte des 19. Jahrhunderts zum Aus- und Neubau von Unterrichtsräumen. 1907 wurde von der Stadt Dülmen ein Grundstück an der damaligen Promenade, dem heutigen Lohwall, angekauft. Nach einjähriger Bauzeit konnte die Overbergschule 1909 ihrer Bestimmung übergeben werden. In ihr befanden sich zehn Klassen, eine Hausmeisterwohnung und eine Brausebadeabteilung.

▲ *Durch diese Holztür ging eine Vielzahl von Dülmener Schülerinnen und Schülern.*

Die historische Gebäudehülle der Overbergschule konnte durch die Nutzung als Büro- und Verwaltungsgebäude gerettet werden, eine Unterschutzstellung scheiterte am Denkmalwert. ▼

▲

Die Overbergschule war 1909 nach der Josefschule der zweite Schulneubau außerhalb der mittelalterlichen Stadtmauern.

Wasserturm

Mit der Errichtung eines Wasserturms im Jahre 1900 durch die Baufirma Wilhelm Weber fängt in Dülmen eine neue Ära der Wasserversorgung an. Nicht nur das Speichern des Wassers war die Aufgabe des Turms, sondern er musste jederzeit für den erforderlichen Druck im neu verlegten Leitungsnetz garantieren. Nach und nach verschwinden daraufhin die öffentlichen Wasserpumpen in Dülmen. Den Zusammenbruch der Wasserversorgung zum Kriegsende konnte der Turm, obwohl er unbeschädigt war, nicht verhindern, da fast alle Rohrleitungen zerstört waren. Schließlich wurde er 1970 vollständig abgetragen.

▲

Betriebsgelände der Dülmener Stadtwerke mit Werkshalle, Gasometer und Wasserturm

▲

Nach dem Abriss des Turms 1970 erinnert heute nur noch das Straßenschild an den einstigen Standort.

◄

Die Wiesen im Vordergrund sind heute Pkw-Stellplatzflächen auf dem Overbergplatz. Der Wasserturm wird von den Linden am Lohwall eingerahmt.

►

Die Bauunternehmung Weber errichtete im Jahre 1900 den Dülmener Wasserturm und das Betriebsgebäude.

Christuskirche – Außenansichten

Der Neubau der Christuskirche von 1953 entspricht in seiner Größe der evangelischen Diasporagemeinde im katholischen Münsterland. Der Anröchter Grünsandstein der Außenfassade korrespondiert mit der Gebäudehülle der Hermann-Leeser-Schule an der gegenüberliegenden Raumkante des Charleville-Mézières-Platzes. Mit der Industrialisierung und der Eröffnung der Eisenhütte Prinz Rudolph zogen erstmals Facharbeiter protestantischen Glaubens aus dem Hunsrück nach Dülmen. Zwischen 1855 und 1858 entsteht die evangelische Kirche an der Münsterstraße. 1892 verschwand der Dachreiter und dem Langhaus wurde ein Kirchturm vorangestellt.

Am 27. September 1953 wurde die neu erbaute evangelische Kirche in Dülmen eingeweiht.

Aus vielen einzelnen kleinen »Kunstwerken« setzt sich der Fisch an der Südostwand der Kirche zusammen.

Die Außenfassade der Christuskirche ist aus bruchrauem Grünsandstein gefertigt.

Mit dem Bau eines Kirchturms erhielt die evangelische Kirche von 1892 bis zur Zerstörung 1945 die abgebildete Außenansicht.

Christuskirche – Innenansichten

Die Apsis der alten Christuskirche besaß ein großformatiges Wandbild mit Christus als wiederkehrendem Weltenherrscher, flankiert von seinen zwölf Jüngern. Die Ausmalung nahm 1926 der Düsseldorfer Künstler und Kirchenmaler Heinrich Rüter vor. Das Langhaus war in der Formensprache der Neugotik eingerichtet. Der heutige Kirchenraum präsentiert sich als lichtdurchfluteter Saalbau mit Stuhlreihen, an dessen Stirnwand noch die vier Evangelisten in ihrer christlichen Ikonografie zu erkennen sind. 1992 wurde die seit 1953 benutzte Fleiter-Orgel durch ein neues Instrument der Firma Albers ersetzt.

▲ *Das künstlerisch verglaste Rundfenster wird auch als Lutherrose bezeichnet.*

Der Innenraum der evangelischen Kirche wurde 1982 zum 125-jährigen Jubiläum teilweise neu gestaltet. ▼

Die neue Albers-Orgel, hier ein Detail des Orgelprospekts, erklingt seit 1992.

Osterkerze, Taufbecken und Altartisch bilden die Ausstattung des Altarraumes.

Das Kircheninnere hatte 1953 noch Bankreihen und Pendelleuchten.

Die gesamte Rückwand des Altarraums der Vorkriegskirche war mit einem Christus-Gemälde geschmückt.

Charleville-Mézières-Platz

Der Straßenteil des Nonnenwalls, beginnend an der Münsterstraße bis zur Grünanlage an der Ludwig-Wiesmann-Straße, wurde im Rahmen der Feierlichkeiten zum Stadtjubiläum 1986 in Charleville-Mézières-Platz umbenannt. Aus einer Schulpartnerschaft ab dem Jahr 1957 entwickelte sich die Städtepartnerschaft mit der am Fuße der Ardennen liegenden französischen Stadt Mézières (durch Zusammenlegung mit der Stadt Charleville heute Charleville-Mézières). Zwischen 1938 und 1986 stand der Marktbrunnen in den Grünanlagen vor dem alten Gymnasium, der heutigen Hermann-Leeser-Schule.

▲ *Mit der Verlegung des Jubiläumsbrunnens 1938 wurde auch die Grünanlage vor dem damaligen Gymnasium neu gestaltet.*

Die Basaltlava-Skulptur ist Symbol der 1963 begründeten Städtepartnerschaft mit der französischen Stadt Mézières, die 1966 mit Charleville vereint wurde.

Am Mahnmal an der Hermann-Leeser-Schule findet alljährlich die zentrale Gedenkfeier zum Volkstrauertag statt.

Der Platz am alten Gymnasium zur Ludwig-Wiesmann-Straße erfuhr ebenfalls eine landschaftsgärtnerische Platzgestaltung.

Blick über die Grünanlage mit Jubiläumsbrunnen und evangelischer Kirche im Hintergrund

Ohne Bordsteinkanten bilden Straßenfläche und Gehsteige den Charleville-Mézières-Platz. Der Platz ist Dülmens Partnerstadt in den französischen Ardennen gewidmet.

Hermann-Leeser-Schule

Die Städtische Realschule für Jungen und Mädchen wurde im Jahr 1988 in Hermann-Leeser-Schule umbenannt. Sie trägt den Namen des angesehenen Textilfabrikanten, dessen Leinenweberei in räumlicher Nähe zum Schulgebäude stand und deren Teilhaber er war. Im Zusammenhang mit den Terrorakten am 9. November 1938 wurde Hermann Leeser in den Tod getrieben. Das Schulgebäude entstand in den Jahren 1913 bis 1915 für ein Gymnasium, um das sich die Bürgerschaft lange Zeit bemüht hat. Aufgrund von Raumnot zog das nach Clemens Brentano umbenannte Gymnasium 1973 in den Neubau des Schulzentrums an der Kreuzkirche um.

▲ *Im Dülmener Stadtwappen sind die Ziffern der Jahreszahl 1914 um die Kreuzbalken angeordnet.*

1973 zog in das Gebäude des alten Gymnasiums die katholische Jungen-Realschule ein, die koedukativ weitergeführt wurde. ▼

▲ *Die markante Turmhaube ist eines der architektonischen Stilmittel des historischen Schulgebäudes.*

▲ *Das Gymnasium wurde 1915 fertiggestellt, im Hintergrund ist der Turm der evangelischen Kirche zu sehen.*

Schuleingangstür und Treppe bilden ein beliebtes Fotomotiv für Bilder von Schüler- und Lehrergruppen. ▼

Die links im Hintergrund zu sehende Gymnastikhalle wurde für die Schulerweiterung abgerissen. ▼

Kolpinghaus

Als Veranstaltungsraum vieler Dülmener Vereine wird das seit 1978 im städtischen Eigentum befindliche Kolpinghaus an der Münsterstraße genutzt. Es ist das wieder aufgebaute zweite Gesellenhaus der 1860 gegründeten Kolpingsfamilie. Eine erste Schlafstätte für durchreisende Gesellen entstand 1880 im Hinterhaus der »Dülmen-Halterner Volkszeitung« in der Marktstraße, Ecke Königsplatz. Diese Vereinsunterkunft wurde mit der Zeit zu klein, so dass im Jahr 1897 ein Ersatzbau auf dem Grundstück an der Münsterstraße erfolgte. Eine Bühne gehörte damals wie heute zum Veranstaltungssaal des Kolpinghauses.

▲

Im Giebelfeld der Außenfassade steht auf einer Sandsteinkonsole die Figur des heiligen Josef mit dem Christuskind auf seinem Arm.

Das Kolpinghaus, wie es sich zur Münsterstraße hin präsentiert

▼

▲

Bereits im alten Kolpinghaus gab es eine Bühne im großen Saal.

▲

Die Figurengruppe ist eine Kopie der Kreuzigungsdarstellung von 1748. Das Original befindet sich im Turm der St.-Viktor-Kirche.

Das Gesellenhaus an der Münsterstraße entstand im Jahr 1897 und wurde am 25. Juni eingeweiht.

▼

St.-Joseph-Kirche

Die Entstehung der Kirche und Gemeinde St. Joseph hing eng mit dem Wachstum der Stadt Dülmen zusammen. Infolge der Siedlungsentwicklung im Gebiet Haverland, Luchtkamp, Fleigenkamp entstand Bedarf zum Bau eines Gotteshauses und einer Schule. Die Kardinal-von-Galen-Schule wurde im Mai 1960 und die Pfarrkirche St. Joseph im Dezember 1963 ihrer Bestimmung übergeben.

Beide Planungen betreute das Architektenehepaar Kleffner. Zum Jahresende 2013 wird die St.-Joseph-Kirche Filialkirche in der fusionierten Kirchengemeinde St. Viktor, die dann aus sechs Gemeindeteilen besteht.

Mit der St.-Joseph-Kirche entstand 1963/64 der letzte selbstständige katholische Gemeindebezirk in Dülmen.
▼

▲
Fenster in der Turmkapelle

▲
Der Kircheninnenraum mit großem Orgelprospekt auf der linken Bildseite

▶
Die mosaikartig verglasten Fenster der Josephs-Kapelle tauchen den Andachtsraum in ein besonderes Licht.

Der Bau der St.-Joseph-Kirche dauerte vom ersten Spatenstich im Juni 1961 bis zur Benediktion im Dezember 1963.
▼

▲

Die ehemalige Promenade der Stadt Dülmen ist heute Einbahnstraße und geschwindigkeitsbeschränkt.

Nonnenwall

Ähnlich wie in der Stadt Münster entstand durch Schleifung und Einebnung der Stadtbefestigung die großzügige Anlage eines Spazierwegs auf der früheren Wallanlage, die Promenade. An diesem Grünring um die Dülmener Innenstadt errichteten die Fabrikanten der Stadt auf größeren Grundstücken ihre Bürgerhäuser des 19. und frühen 20. Jahrhunderts. Noch heute lässt sich am ehesten am Nonnenwall der frühere Eindruck der Dülmener Promenade im Stadtbild ablesen. Der Name Nonnenwall geht auf das am benachbarten Ostring gelegene Augustinerinnen-Kloster Agnetenberg zurück, das 1812 aufgehoben wurde.

▲

Der Jüdische Friedhof am Lüdinghauser Tor war mit einer Mauer umgeben. Die herrschaftlichen Bürgerhäuser prägten den Nonnenwall.

◀

Vom Franz-Hospital fällt der Blick in den Nonnenwall bis zur Hermann-Leeser-Schule.

▲

Blick in den Nonnenwall mit sehr viel Begleitgrün und zwei weißen Ruhebänken an der ehemaligen Friedhofsfläche

Kreuzweg

Die Straße Kreuzweg ist ein Teilabschnitt eines alten Prozessions- und Feldkreuzweges, dessen Anfänge bis in die Mitte des 15. Jahrhunderts zurückreichen. Die Bildwerke und Stationen aus heimischem Sandsteinmaterial unterlagen immer wieder den Witterungseinflüssen und mussten erneuert werden. Einige wenige Exemplare aus der Barockzeit sowie der Mitte des 19. Jahrhunderts befinden sich heute an der Kreuzkapelle. In die ehemalige Amtsverwaltung am Kreuzweg zogen das Straßenverkehrs- und in einen Neubau das Gesundheitsamt der Kreisverwaltung Coesfeld ein.

▲ *Mit einer Baumallee wurde der Gehsteig von der Fahrbahn getrennt.*

Der weitere Verlauf des Kreuzwegs kann auch heute noch mit üppigem Straßenbegleitgrün aufwarten. ▼

Heute dominieren diese vergleichende Straßenansicht die parkenden Pkws.

Zweigeschossige Wohn- und Mietshäuser wurden bereits vor 1900 am Kreuzweg errichtet.

Eine Straßenansicht des Kreuzwegs zur Kaiserzeit zeigt die Bürgerhäuser mit ihren eingefassten Vorgärten.

Textilunternehmen Ketteler/Specht

Die Textilindustrie entwickelte sich im Münsterland vom heimischen Webstuhl der Eigenproduktion zum arbeitsplatzstärksten Industriezweig. Neben dem größten Betrieb der Dülmener Textilbranche, der Firma Bendix, gab es noch den industriellen Webereibetrieb der Familie Leeser und die Dülmener Weberei A. W. Ketteler, deren Ursprünge auf ein Modewaren- und Konfektionsgeschäft mit Garnen, Stoffen und Kurzwaren zurückging. Als einziges Zeugnis eines Industriebautypus blieben nach der Firmenliquidation 1966 die Fabrikationshallen mit den charakteristischen Sheddächern erhalten.

▲

Das wiederaufgebaute Betriebsgebäude des ehemaligen Textilbetriebes wird heute noch als Bürohaus genutzt.

Die Belichtung der Betriebsräume erfolgte bei dieser Fabrikhalle über die Sheddächer.

▼

▲

Fiel der Blick von der Hohen Straße über die Felder zur Textilunternehmen Ketteler/ Specht, so zeichneten sich im Hintergrund das Lüdinghauser Tor, der Turm der St.-Viktor-Kirche und der Wasserturm ab.

▶

Das im Krieg zerstörte Gebäude an der Ecke Gartenstraße, Sendener Straße (heute Elsa-Brändström-Straße) war mit einer Zwiebelhaube geschmückt.

PAUL BENDIX
SPIEL GRUPPE

Spinnerei und Weberei Bendix

Das Textilunternehmen der Familie Bendix war lange Zeit Dülmens größter Arbeitgeber und warb erste Gastarbeiter an. Nach dem Zusammenbruch der Textilindustrie im Münsterland war das Firmengelände dem Verfall ausgesetzt. Ab 1998 begann die Umwandlung und Neuentwicklung der Industriebrache zu einem urbanen Stadtquartier mit (Senioren-)Wohnen, Lernen und Gewerbe, das sich harmonisch an die östliche Innenstadt »anschmiegt«. Erste Anfänge der Firmengeschichte gehen auf das Jahr 1824 zurück. Das Betriebsgelände dehnte sich nach und nach in einem Dreieck zwischen Lüdinghauser und Friedrich-Ruin-Straße aus. Als drittes Textilunternehmen war auch die Firma Leeser jahrzehntelang in Dülmen tätig.

Für das 1902 erbaute repräsentative Lagerhaus wurde der Baustil der Neorenaissance gewählt.

Werkshallen der Firma Bendix auf einer alten Ansichtskarte der Lüdinghauser Straße

Nur unzureichend erfasst diese historische Aufnahme den Gesamtkomplex des Textilunternehmens Bendix.

Durch die Nachnutzung als zweites Gymnasium konnten große Teile der Industriearchitektur erhalten bleiben.

Annette-von-Droste-Hülshoff-Gymnasium

Das Herzstück der Umwandlung des ehemaligen Betriebsgeländes der Textilfirma Bendix bildet der Schulkomplex des zweiten Dülmener Gymnasiums. Beim Architektenwettbewerb zum Umbau des ehemaligen Spinnereigebäudes in das Annette-von-Droste-Hülshoff-Gymnasium setzte sich das renommierte Architekturbüro Josef Paul Kleihues aus Berlin bzw. Rorup (Haus Schwickering) durch. Die Schulsporthalle wird von örtlichen Sportvereinen genutzt. Mit der »Neuen Spinnerei« zogen ein Jugendzentrum und gleichzeitig einer von zwei Standorten des Mehrgenerationenhauses auf das ehemalige Betriebsgelände.

▲

Schriftzug am Turm der ehemaligen Zweizylinder-Spinnerei

Eine moderne Dreifach-Turnhalle und das Jugendzentrum zogen in die ehemalige Dreizylinder-Spinnerei von 1907/08 ein.

Die ehemalige Zweizylinder-Spinnerei von 1924 wurde zu Unterrichts-, Aufenthalts- und Lehrerräumen umgebaut.

Von der Friedrich-Ruin-Straße konnte noch in den 1990er-Jahren dieser Teil der Werksgebäude eingesehen werden.

In die Lager- und Produktionshallen zog das zweite Dülmener Gymnasium ein.

Franz-Hospital

In gerade einmal 151 Tagen Bauzeit wurde 1847 ein Krankenhaus an der Lüdinghauser Straße errichtet. Entscheidender Initiator zur Gründung einer Krankenheilanstalt in Dülmen war Kaplan Franz Bergfeld. Nach ihm wurde das Hospital benannt, dessen Einweihung er nicht mehr erlebte. Regelmäßige Erweiterungen brachten die benötigten Verbesserungen. Wie im Ersten Weltkrieg so diente das Franz-Hospital auch bald nach Ausbruch des Zweiten Weltkriegs als Reserve-Lazarett. Nach der Kriegszerstörung, dem Wiederaufbau und einigen Erweiterungsbauten schloss sich das Franz-Hospital 2006 mit den Krankenhäusern in Coesfeld und Nottuln zu den Christophorus-Kliniken zusammen.

▲ *Das Kreuz, das Rundfenster und die Apsisrundung lassen diesen Bauteil des Franz-Hospitals als Krankenhauskapelle erkennen.*

Nach dem jüngsten Umbau präsentiert sich so der Eingangsbereich des Franz-Hospitals an der Vollenstraße. ▼

▲
In beiden Weltkriegen diente das Dülmener Krankenhaus als Reservelazarett.

Der halbrunde Treppenturm in der Bildmitte lässt noch heute den Bildvergleich mit der historischen Gartenansicht des Krankenhauses zu.
▼

▲
Gegenüber dem Postgebäude vor dem Lüdinghauser Tor gelegen, entstand 1847 das Dülmener Krankenhaus.

Alter Jüdischer Friedhof

Auf der Grünfläche vor dem Lüdinghauser Tor befand sich von 1761 bis 1905 der Friedhof der jüdischen Gemeinde, die dann am Kapellenweg ein Grundstück für einen neuen Begräbnisplatz erwarb.
Wie sich dem Archivmaterial entnehmen lässt, wurde die Wallanlage in diesem Bereich bereits im 15. Jahrhundert als jüdische Begräbnisstätte genutzt. So wurde 1702 in einem Rechtsstreit festgestellt, dass sich auf den Wällen zwischen dem Lüdinghauser und dem Münstertor bis an den Nonnenturm heran seit mehr als 200 Jahren ein Begräbnisplatz für Juden im »hergebrachten Gebrauche« befand, der »auf zehn Fuß Breite wieder herzustellen und einzuzäunen sei«.

Dem 1979 aufgestellten Schoah-Gedenkstein, einem Findling mit Bronzeplatte, wurden 1990 zwei Stelen aus Grünsandstein des Bildhauers Klaus Unger zur Seite gestellt. Sie tragen einen zerteilten Davidstern aus Edelstahl.

▲

Der Gehweg zwischen Nonnenwall und Ostring wurde vor wenigen Jahren neu gepflastert und barrierefrei angelegt.

▶

Den Jüdischen Friedhof am Lüdinghauser Tor umgab eine Mauer.

◀

Die Grabsteine wurden zwar 1937 zum neuen Jüdischen Friedhof am Kapellenweg verlegt, die Gräber unter der heutigen Rasenfläche jedoch nicht.

Marienplatz

Mit der Anbindung Dülmens an das Eisenbahnverkehrsnetz führten die Hohe Straße und die Lüdinghauser Straße zu den Empfangsgebäuden des Haupt- und des Ostbahnhofs. Beide Straßen bilden in ihrem Treffpunkt einen Platz, der mit der Errichtung der Mariensäule 1904/05 die Bezeichnung Marienplatz erhielt. Die heutige Mariensäule wurde von Heinrich Gerhard Bücker aus Vellern geschaffen und im Mai 1957 aufgestellt, nachdem ihre neugotische Vorgängerin im Zweiten Weltkrieg stark beschädigt worden war. Die bronzene Madonna trägt den stehenden kindlichen Christus auf ihren Händen und passt mit dem Basaltsockel viel besser zur Heilig-Kreuz-Kirche.

Jedes Jahr schmückt die Stadt den Marienplatz mit einem aus Sommerblumen gebildeten Lüdinghauser Tor.

Die Panoramaaufnahme lässt einen Gesamtblick über den Marienplatz zu.

Die handkolorierte Ansichtskarte aus dem ersten Jahrzehnt des 20. Jahrhunderts zeigt neben der neugotischen Mariensäule die schöne Gartengestaltung.

Die auf der Mondsichel stehende Marienfigur aus Bronzeguss bildet den krönenden Abschluss der Säule.

Heilig-Kreuz-Kirche – Außenansichten

An einer der Hauptwegeverbindungen Dülmens liegt die Pfarrkirche Heilig Kreuz. Ein schlichter massiver Bau aus Ibbenbürener Bruchstein mit wuchtigem Turm. Den Auftrag zum Bau einer Gemeinde- und gleichzeitigen Grab- und Wallfahrtskirche für Anna Katharina Emmerick erhielt der bekannte Kölner Kirchenarchitekt Professor Dominikus Böhm am 4. Oktober 1936. Sie wurde als letzter Kirchenbau in Deutschland vor dem Zweiten Weltkrieg durch Bischof Clemens August Graf von Galen am 16. November 1938 eingeweiht. Ihren einzigen äußeren Schmuck besitzt die Kirche in der Westfassade mit einem großen Radfenster, einer Rosette, im Durchmesser neun Meter messend und aus 11.800 farbigen, in Blei gefassten Scheiben bestehend.

▲

Das Bildnis der Anna Katharina Emmerick, wie es sich der Künstler vorstellte, wurde in den Sandstein als Relief gearbeitet.

Für die Architektur der Heilig-Kreuz-Kirche verwandte Dominikus Böhm einfache Formen.

▼

Eine Traglufthalle war für die Gemeindegottesdienste das Ausweichquartier während der umfangreichen Kirchenrenovierungsarbeiten der 1970er-Jahre.

Der zerstörte Taufkapellenanbau wurde beim Neuaufbau der Heilig-Kreuz-Kirche nicht wieder errichtet.

Mit dem Bau der Heilig-Kreuz-Kirche 1938 hatte Dülmen seine zweite katholische Kirche.

Heilig-Kreuz-Kirche – Innenansichten

Der Innenraum der Heilig-Kreuz-Kirche, der sich dem Besucher im Stile einer römischen Basilika präsentiert, besticht durch die Reduktion auf einfache »schnörkellose« Formen und eine dramatische Lichtführung, die Dominikus Böhm gezielt als Mittel seiner Architektursprache einsetzte. Der Besucher wird geführt vom Halbdunkel des Versammlungsraumes mit seinen sparsamen Fensteröffnungen in großer Höhe über den lichthellen Stufenberg mit einem fast schwebenden Kreuz in den gleißenden Lichtraum der Unterkirche. In diese Lichtfülle, den höchsten Raum der Kirche, wurde bei der Umgestaltung 2004/05 das Grab der seligen Anna Katharina Emmerick verlegt, so wie es bereits Böhm konzipiert hatte.

▲ *Die Westrosette der Heilig-Kreuz-Kirche wird auch als »Dülmener Rose« bezeichnet.*

Im großen Weihwasserbecken spiegelt sich der Kircheninnenraum. ▼

Der stützenlose Hauptraum lenkte den Blick zum hochgestellten Altar.

Nach der Umgestaltung feiern die Gläubigen im Kirchenraum vor dem Stufenberg die Gottesdienste.

Im Rundbau der kriegszerstörten und nicht wieder aufgebauten Taufkapelle stand der Taufstein.

Bereits der erste Entwurf von Dominikus Böhm sah die Grablege der seligen Anna Katharina Emmerick im Lichtraum der Unterkirche vor.

Clemens-Brentano-Gymnasium

Auf über 100 Jahre Geschichte blickt das Clemens-Brentano-Gymnasium zurück. Nach der Genehmigung zum Stadtjubiläum 1911 wurde es im Folgejahr als Nachfolger der bestehenden Lateinschule gegründet. In dem ursprünglichen Gebäude befindet sich heute die Hermann-Leeser-Schule. 1973 zog das Gymnasium in die modernen Gebäude um, die in den Folgejahren immer wieder umgebaut oder erweitert wurden. So entstand zum Beispiel in den 1980er-Jahren die Aula, eine weitreichende Modernisierung sowie der Bau einer Schulmensa folgten mit der Einrichtung des Ganztagsbetriebs 2010 bis 2013. Clemens Brentano als Namenspatron wählte man 1962 zum 50-jährigen Schuljubiläum.

▲ *Ein markanter Schriftzug findet sich im Eingangsbereich.*

Die Schule präsentiert sich in moderner Gestaltung. ▼

In dem Bereich der Bendix'schen Anlagen fand das Gymnasium Anfang der 1970er-Jahre einen neuen Standort.

Über einige Jahre hinweg hatte die Schülervertretung in einem ausrangierten Waggon ihr Quartier.

▲

Die Granitsäule des Kriegerehrenmals trägt auf dieser kolorierten Ansichtskarte noch die ursprüngliche Kaiserkrone.

Kriegerehrenmal 1870/71

▲

Namentlich wird der Opfer der Einigungskriege gedacht.

◀

Mit einer Kranzniederlegung wird auch heute noch der Kriegsopfer gedacht.

Das an die Gefallenen der Kriege 1864, 1866, 1870/71 und den Herero-Aufstand von 1903 erinnernde erste Kriegerdenkmal in Dülmen steht ein wenig unbeachtet im Zentrum einer kleinen städtischen Grünanlage gegenüber dem neuen Stadtquartier Bendix an der Lüdinghauser Straße. Die Beschädigungen an der Granitsäule, die ursprünglich mit einem bronzenen Kissen mit Kaiserkrone abschloss, rühren noch vom Luftangriff 1945 her. Entworfen wurde das 1897 enthüllte Denkmal von Regierungsbaumeister Silbermann aus Münster. Die Ausführung übernahm der Dülmener Bildhauer Ferdinand Koch.

▲

Die von einer Pilzkrankheit befallenen Ulmen der Lüdinghauser Straße wurden 1922 gefällt.

Kinderwohnheim

Das Kinderwohnheim in Dülmen hält mit der Wohnoase pädagogisch-therapeutische Angebote vor, um Kinder und Jugendliche in ihrer Entwicklung zu fördern. Träger des Heimes ist die St.-Josephs- und Gertrudis-Stiftung, ursprünglich zwei Stiftungen für Dülmener Waisenhäuser zur Betreuung von Jungen bzw. Mädchen. Mit dem Kauf eines geeigneten Gebäudes in der Nähe der Kreuzkapelle wurden die beiden Einrichtungen 1888 zusammengelegt. Auf dem großzügigen Außengelände des Kinderwohnheims entstand 2001 ein Hochseilgarten als außergewöhnlicher Lernraum.

◄

Der Altbau der St.-Josephs- und Gertrudis-Stiftung liegt zwischen der Kreuzkapelle und dem Kriegerehrenmal.

▲

Flagge zeigen gilt auch fürs Kinderwohnheim.

Mit der Hannyschen Besitzung wurde 1888 für die Stiftungen ein geeignetes Gebäude erworben.

▼

Kreuzkapelle

Die dem Heiligen Kreuz geweihte Kapelle an der Lüdinghauser Straße steht stimmungsvoll eingerahmt unter altem Baumbestand. Bereits ihr dem äußeren Erscheinungsbild gleichenden Vorgängerbau wurde als Ersatz für ein im Dreißigjährigen Krieg zerstörtes Oratorium auf einem kleinen Hügel errichtet. Die Kreuzkapelle bildete den Abschluss eines in den Jahren 1736 bis 1738 angelegten Feldkreuzweges. Sie verfügt heute noch über eine Fülle von künstlerisch bemerkenswerten Ausstattungsstücken im Innen- und Außenbereich.

▲

Für die Aussätzigen wurde ein besonderer Raum, die heutige Sakristei, an die Kapelle angebaut.

▶

Der Kapelleninnenraum ist geprägt durch die barocke Kreuzigungsgruppe und die historischen Kirchenbänke.

▲

Das Relief des barocken Bildstocks zeigt die Himmelfahrt Christi.

1765 wurde die im Siebenjährigen Krieg niedergebrannte Kreuzkapelle wieder aufgebaut.

▼

◀

Malerisch unter hohen Linden gelegen, die Kreuzkapelle

Heilig-Geist-Stiftung

Das älteste Altenwohnheim in Dülmen befindet sich in der Trägerschaft der Heilig-Geist-Stiftung, deren historische Anfänge zwar unbekannt sind, die jedoch im Jahre 1414 erstmals urkundlich erwähnt wird. Bis zur völligen Kriegszerstörung befand sich das Heilig-Geist-Stift über 300 Jahre am Bült im Herzen der Dülmener Innenstadt. Der Neuanfang gelang 1954 auf dem damaligen Ökonomie- und Gartengelände am Mühlenweg. Nach vielen Erweiterungs- und Modernisierungsphasen präsentiert sich das Heilig-Geist-Stift passend zum 600-jährigen Jubiläum als zeitgemäßes Seniorenwohnheim mit Dependancen im gesamten Stadtgebiet.

▲

Das Wasserspiel mit den sieben »Vogeltränken« befindet sich vor dem Haupteingang der Heilig-Geist-Stiftung.

Zur Anpassung an den künftigen Bedarf erfolgte 2011/12 ein Umbau der Altenpflegeeinrichtung am Mühlenweg.

▼

▲ *Am Kapellen- und Mühlenweg fing die Heilig-Geist-Stiftung nach dem Krieg wieder mit ihrer Arbeit neu an.*

▲ *Neben dem Hauptgebäude, dem großen Haus in der Bildmitte, zählten die unmittelbar benachbarten Häuser in den 1930er-Jahren zum Stiftungskomplex am Bült.*

Auf dem Gelände der Altenpflegeeinrichtung befinden sich Seniorenwohnanlagen mit Betreuungsmöglichkeiten. ▼

Mühlenwegfriedhof

Dass Friedhöfe in Städten oft wie »grüne Oasen« wirken und aufgrund ihrer unterschiedlichen, künstlich angelegten Vegetation zu den wertvollsten Flächen einer Stadt zählen, zeigt sich am Beispiel des Dülmener Mühlenwegfriedhofs. Nachdem der 1900 angelegte Friedhof auf dem Teutenrod als Bestattungsfläche nicht mehr benötigt wird, gestaltet die Stadt Dülmen 1974 die ehemalige Beisetzungsfläche um und stellt sie der Öffentlichkeit als Park- und Grünanlage zur Nutzung zur Verfügung. Da die Grabpflege für die Angehörigen weiterhin erlaubt ist, erhalten sich insbesondere am Außenrand des Friedhofs Gräber mit besonderen Grabmälern sowie Kriegs- und Priestergräber. Die Kreuzigungsgruppe aus dem Jahr 1900 stammt aus der Werkstatt von Ferdinand Koch.

▶

Blick über die Rasenfläche zum Kreuz

Von 1900 bis 1929 wurden acht Geistliche an der Kreuzigungsgruppe beigesetzt.

▼

▲ Die Kreuzigungsgruppe wurde 1900 von Ferdinand Koch geschaffen.

▲ Seit 1974 ist der Friedhof eine öffentliche Park- und Grünanlage.

▶ In dem Ehrengräberfeld ruhen Soldaten der Weltkriege und Opfer der Bombenangriffe auf Dülmen.

▶ Die alte neugotische Friedhofshalle wurde nach dem Bau der Toten- und Trauerhalle auf dem Waldfriedhof abgebrochen.

Bahnhof

Mit dem Bau der Eisenbahnlinie von Paris nach Hamburg kam 1870 die Eisenbahn nach Dülmen. Die zweite Strecke, die von Dortmund nach Enschede führt, vervollständigte dann 1875 den Etagenbahnhof. Es fehlte allerdings das gemeinsame Empfangsgebäude, denn die beiden von unterschiedlichen Gesellschaften betriebenen Linien hatten ihre eigenen Gebäude. Dies änderte sich erst 1964, als das Empfangsgebäude eröffnet wurde. Heutzutage halten an den Bahnsteigen vor allem Regionalzüge, die ihre Fahrgäste in die Richtungen Münster, Düsseldorf, Dortmund oder Enschede bringen.

▲ *Den einheitlichen Namen »Dülmen« erhielt der Bahnhof erst, als beide Bahnhöfe im Knotenpunkt der Bahngleise zusammengelegt wurden.*

Das Empfangsgebäude der Köln-Mindener Eisenbahngesellschaft lag bis in die 1970er-Jahre an der Eisenbahnstraße nahe der Lüdinghauser Straße. ▼

▲ *Die Linien der Westmünsterland-Bahn auf der oberen Ebene und der Haard-Bahn und des Rhein-Haard-Express auf der unteren Ebene begegnen sich im Kreuzungsbereich des Bahnhofs.*

▲ *Gelegentlich halten von Dampflokomotiven gezogene Ausflugszüge in der Nähe des ehemaligen Staatsbahnhofs. Wasser erhalten sie in diesen Fällen von der hiesigen Feuerwehr.*

Der Bahnhof ist gekennzeichnet durch das Empfangsgebäude aus den 1960er-Jahren. Von hier aus und von weiteren Zugängen sind die Bahnsteige erreichbar. ▼

Maria-Königin-Kirche

Die 1960 für das junge Baugebiet Wedeler erbaute und 1961 eingeweihte Kirche Maria Königin wurde Ende 2008 aufgegeben und zu 15 Kirchwohnungen nach dem Haus-im-Haus-Prinzip umgestaltet. Sowohl der kirchliche Charakter des stadtbildprägenden und identitätsstiftenden Bauwerks als auch die Teilnutzung durch den Erhalt der Seitenkapelle konnten bei der Realisierung des Entwurfs der Architekten Feja und Kemper bewahrt werden. In Trägerschaft der Heilig-Geist-Stiftung entstand so im Jahr 2012 ein Wohnquartier für zehn Einzelpersonen und fünf Paare.

▶ *Die Figur an der Außenfassade der Kirchengiebelwand zeigt die bekrönte Maria, wie sie liebevoll das Christuskind in ihren Armen hält.*

In das Kirchengebäude wurden 15 seniorengerechte Wohnungen eingebaut. ▼

Der Charakter der Klosteranlage mit Kirche und Klostergebäude blieb erhalten.

Bürgermeister Hans-Rudolf Schlieker nahm den ersten Spatenstich zum Neubau der Maria-Königin-Kirche vor.

Die Augustinus-Schule stand noch nicht, so war der Blick frei auf die neu errichtete Kirche.

Haus Osthoff

Vom ehemaligen Rittergut Osthoff erhebt sich das erhaltene Herrenhaus von 1734 im Baustil des westfälischen Barocks aus einer Gartenoase, umgeben von einem kleinen Neubaugebiet. Der von Architekturprofessor Harald Deilmann streng gestaltete Barockgarten gibt dem denkmalgeschützten Gebäude den notwendigen »grünen Rahmen«. Gefasste Blickachsen, helle Kieswege und effektvolle Spiegelungen im geometrisch angelegten Zierteich erzeugen beim Betrachter beeindruckende »Postkartenmotive«. Bis zum Ersten Weltkrieg war das Haus Osthoff ein beliebtes Ausflugsziel mit Gartenwirtschaft.

Im Herbst zeigt der Wilde Wein sein besonderes Farbspiel.

Bis zum Ersten Weltkrieg war das Haus Osthoff ein Ausflugslokal.

Bärbele und Bernhard Krug nutzen das ehemalige Herrenhaus als Firmensitz von Designlager und als Maleratelier.

Das besondere Ambiente ist auf die liebevolle Gartengestaltung zurückzuführen.

Die von Prof. Harald Deilmann gestaltete Gartenanlage überrascht, da sie immer wieder neue Blickachsen in andere Räume freigibt.

Evangelischer und Jüdischer Friedhof

Auf dem Wewerink-Esch liegt am Rande der Wohnbebauung am Kapellenweg und der Straße Am Bache der Evangelische Friedhof. Zunächst bestatteten die ersten Dülmener Protestanten ab 1851 ihre Toten auf dem Emmerick-Friedhof am Marienplatz. Als die katholische Kirchengemeinde aus Platzgründen die Neuanlage eines Friedhofs am Mühlenweg plante, entschied sich die evangelische Kirchengemeinde 1898 zur Anlage einer eigenen Bestattungsfläche. Die jüdische Gemeinde schloss ihre Friedhofsfläche 1905 an. Unter dem im selben Jahr errichteten Mausoleum liegen Meyer und Sara Bendix begraben.

▲ *Das Eingangstor des Jüdischen Friedhofs am Kapellenweg erhielt nach dem Krieg das Eisengitter der Villa Bernard Schlieker.*

▶ *Grabdenkmäler, die 1937 vom alten Friedhof am Lüdinghauser Tor hierhin umgesetzt worden sind*

◀ *Am Ende einer kleinen Allee liegt das Mausoleum im Stil eines antiken Tempels.*

Ein schlichtes Holzkreuz befindet sich im Eingangsbereich des Evangelischen Friedhofs. ▼

▲ *Die Trauerhalle entstand nach einem Entwurf von Franz König.*

Waldfriedhof

Außerhalb der Stadt und jenseits der Bahnstrecke von Essen nach Münster erwarb die katholische Kirchengemeinde bereits 1927 eine Heidefläche von 44 Morgen auf dem sogenannten »Papa Stöhlken«. Die Gesamtgestaltung der Friedhofsfläche ging aus einem Wettbewerb hervor, den der Gartenarchitekt Roehse aus Gütersloh gewann. Die ersten Beisetzungen erfolgten 1929. In Anlehnung an die einfache Grundform der Pyramide der frühen ägyptischen Kultur entstand 1986 aus der Feder des Architekten Franz König eine bemerkenswerte Trauerhalle für den Dülmener Waldfriedhof.

▶ *An der Beisetzung des Kommerzienrats Schlieker 1929 nahm eine stattliche Anzahl an Personen teil.*

◀ *Auf dem höchsten Geländepunkt, am Ende einer Blick- und Wegeachse vom Haupteingang kommend, erhebt sich ein großes Holzkreuz.*

Vorpark

Der Vorpark in Randlage zum historischen Stadtzentrum bildet damals wie heute das Bindeglied zwischen Schloss- und Wildpark. Heute ist der Vorpark Teil des innerstädtischen Grünkonzepts zur Naherholung. Ursprünglich verband der Vorpark das Dülmener Stadtschloss der Herzöge von Croÿ und dessen englische Gartenanlage mit dem Wildpark. Eine Boulebahn, naturnahe Spielgeräte für Kinder und Ruhebänke steigern die Aufenthaltsqualität der städtischen Grünanlage. Im Eingangsbereich des Vorparks befindet sich ein Mammutbaum aus der Zeit der Errichtung der Parkanlage.

Eine der Wegeverbindungen durch den Vorpark

▲
Im Stil einer englischen Parkanlage sollte auch der Übergang zwischen den Gartenanlagen gestaltet sein.

▶
Der Eingangsbereich und Übergang zwischen Schloss- und Vorpark war bis zur Kriegszerstörung besonders gestaltet.

◀
Das volle Laub der hochgewachsenen Bäume im Vorpark bildet ein grünes Blätterdach.

Wildpark

Herzog Rudolph von Croÿ suchte 1860 einen Landsitz, der vom Schloss aus erreichbar war. Zu diesem Zweck erwarb er das Gut Hinderkinck und dessen Ländereien. Mit der Planung der Parkanlage wurde der englische Landschaftsarchitekt Edward Milner beauftragt, dessen 1864 vorgelegten Entwurf sein Obergärtner Charles Barnard ausführte. Zu Milners Konzept gehörten der nach dem Vorbild englischer Landschaftsparks angelegte Herzteich mit der Holzbrücke, Wiesenflächen mit einzelnen Bäumen und Baumgruppen. Als Verbindung zum Schloss schuf er den Vorpark. Das Gelände erfuhr immer wieder Erweiterungen, und seit den 1920er-Jahren wurden auch Rehe, Damwild und Mufflons gehalten. Der Autobahnbau in den 1980er-Jahren trennte wieder einen Teil der Parkerweiterungen ab. Heute dient der Wildpark der stadtnahen Erholung und ist auch Schauplatz für Veranstaltungen, wie etwa Schützenfeste, Osterfeuer oder den »Verzauberten Wildpark«.

Die Brücke im Eingangsbereich führt zum nördlich gelegenen Teil des Parks.

▲ Am Forsthaus auf dem Weg zur Gaststätte Waldfrieden befand sich um 1900 noch ein Teich.

▲ Parkbesucher treffen einzelne Wildtiere von Zeit zu Zeit aus nächster Nähe an.

▶ Zu den Stilmitteln englischer Landschaftsgärten gehören besonders gestaltete Holzbrücken.

30

▲

Über den Dächern der Reihenhausbebauung an der »Gasstraße« konkurrieren Wasser- und Kirchturm miteinander.

Borkener Straße

Lange Zeit wurde die Borkener Straße auch noch als neue Straße oder Neustraße bezeichnet. Das liegt vermutlich daran, dass in die mittelalterliche Stadtbefestigung als jüngster Einschnitt ein Neutor eingelassen wurde, dessen Wegeverbindung fortan als Neustraße bezeichnet wurde. Die Bewohner der Neustraße hielten als Selbstversorger vielfach Ziegen. Dies brachte dem Gebiet im Volksmund den Namen »Ziegenviertel« ein. Beides, »Niestroat« (Plattdeutsch für Neustraße) und die Ziege, findet sich im Namen und im Wappen des Nieströter Schützenvereins wieder.

▶

Zum Schützenfest erhält die Straße einen festlichen Schmuck.

Der historische Blick stadtauswärts zeigt auf der linken Seite den 1900 erbauten Merfelder Hof.

▼

◀

Ein Blick hinunter vom Lohwall bis zur Tiberstraße, der 70 Meter hohe Turm von St. Viktor im Hintergrund

Coesfelder Straße

▲ *Blick um 1900 über die Dächer der Stadt. Als Standort wurde der Stadtgraben an der Coesfelder Straße gewählt.*

▲ *Das Geschäft von Fahrrad Schmitz in den 1950er-Jahren*

Aus Coesfeld kommend, erreicht man seit Mitte des 19. Jahrhunderts Dülmen über die leicht abfallende Coesfelder Straße, die bis zur Stadtgrenze als Bundesstraße 474 in den Karten verzeichnet ist. Seit der Fertigstellung der Umgehung via Bundesstraße 474n 2007 führt die in den 1960er-Jahren eingerichtete Bundesstraße nicht mehr durch Dülmen. Die zentrale Verkehrsader verbindet vor allem die Innenstadt mit den äußeren Stadtbereichen wie dem Maria-Ludwig-Stift, dem Freizeitbad »düb« oder dem Sportzentrum Nord.

Hier wohnten jüdische Familien bis zu ihrer Deportation oder ihrer Ausreise, soweit sie ihr Eigenheim bereits verkauft hatten. ▼

Münsterstraße

Die Münsterstraße verläuft als Landesstraße 551 parallel zur Autobahn 43 in Nord-Süd-Richtung durch das Gebiet von Dülmen-Mitte. Ein Kreisverkehr, dessen Insel eine Weltkugel ziert, begrüßt die ankommenden Autofahrer im Bereich des Quellgebiets des Tiberbachs. Bereits vor der Anlage der Wegeverbindung nach Münster wird es eine Nord-Süd-Trasse gegeben haben. An dieser uralten Völkerstraße, vom Rhein über Haltern kommend bis hin zur Ems und Weser, entwickelte sich am Übergang zur Tiber die Bauerschaft Dulmenni.

Beim Wechsel vom Ost- in den Nordring über die Münsterstraße hinweg bot sich dem Betrachter stadteinwärts dieser Blick.

Die Gebäudehülle des alten Wohnhauses der Brennerei Löhning wird saniert und einer Nachnutzung zugeführt.

Die Ansichtskarte zeigt den Blick stadteinwärts in die Münsterstraße der 1920er-Jahre, rechts der Turm der evangelischen Kirche

In Höhe der Ringstraßen bietet sich heute dem Betrachter dieses Bild.

Lüdinghauser Straße

Die innerstädtische Straße verbindet die Stadtmitte mit den Wohn- und Randbereichen jenseits der Bahnlinie Münster–Essen, zu denen unter anderem der Waldfriedhof und bis zur Schließung 2003 die 1966 eröffnete St.-Barbara-Kaserne gehören. Bis zur Inbetriebnahme der »Lange Nase« genannten Umgehung im Jahr 2000 führte die Lüdinghauser Straße seit Ende des 19. Jahrhunderts als befestigte Straße relativ gerade in Richtung Seppenrade und Lüdinghausen. Für die Stadt hatte sie nicht nur als Verbindungsstraße zum Nachbarort Bedeutung, sondern war auch die Zuwegung zum 1870 errichteten Bahnhof und nahe gelegenen Betrieben wie der Molkerei.

◄ *Die Aufnahme zwischen 1900 und 1910 zeigt die Lüdinghauser Straße vom Marienplatz bis zu den zwei Rundtürmen des Lüdinghauser Tores.*

◄ *Die alte Wagenremise der Firma Bendix wurde zur Kleinkunst- und Puppenbühne umgestaltet.*

Lüdinghauser Tor, Mauer des Jüdischen Friedhofs und altes Postgebäude auf einer kolorierten Ansichtskarte der 1920er-Jahre ▼

Das Kriegerehrenmal an der Lüdinghauser Straße liegt dem neuen Stadtquartier auf dem alten Bendix-Gelände gegenüber. ▼

Halterner Straße

▲

An den Stadteinfahrten begrüßen blumengeschmückte Hinweisschilder den Besucher.

Charakteristisch für die Einfahrt in die Stadt Dülmen über die Halterner Straße ist ihr Begleitgrün in Form von Alleebäumen, Wiesen und Feldrändern. An der schnurgeraden Ausprägung der Verkehrsader lässt sich heute noch die Anlage als Kunststraße ablesen. Von Hausdülmen kommend, führt die Halterner Straße optisch auf den Kirchturm von St. Viktor zu. Sie gehörte im 20. Jahrhundert erst als Reichsstraße 51 und später als Bundesstraße 51 zum deutschen Fernstraßennetz. Die Vorläufer dieser Chausseen glichen im Münsterland eher gefährlichen »Knüppeldämmen«.

▲

Halterner Straße zwischen Hausdülmen und Dülmen in Höhe der Gaststätte Bispinghoff mit dem typischen Aufbau einer Chaussee, links mit Steinen befestigt, rechts als unbefestigter Sommerweg

In modernem Aufbau, begleitet von Mehrzweckstreifen, präsentiert sich die Halterner Straße kurz vor Dülmen aus Richtung Hausdülmen kommend.

▼

Häuser

Nur wenige Wohnhäuser in Dülmen nehmen mit ihren ungewöhnlichen, teils Dekorationsstile kombinierenden Fassaden eine Sonderstellung im erhalten gebliebenen Bestand des Stadtbildes ein. Einige von ihnen wurden als letzte noch erhaltene Objekte einer städtebaulichen Entwicklungsphase unter Denkmalschutz gestellt. Als Gestaltungselement herrscht der im Münsterland als Baumaterial überwiegend verwendete Backstein vor. Manche Außenhülle wird dabei durch Putzflächen und architektonische Stilelemente ergänzt.

▲
In diesem Haus an der Münsterstraße betrieb der Hutmachermeister Schmitz sein Geschäft.

Das zwischen 1918 und 1920 erbaute Haus im Stil des Neoklassizismus befindet sich am Mühlenweg.
▼

Das unter Denkmalschutz stehende Haus liegt an der Hohen Straße.

Der Hinterhof ist über den Kreuzweg zu erreichen.

Auch dieses Haus an der Hohen Straße ist denkmalgeschützt.

Das 1913 an Ecke Lohwall, Borkener Straße im neoklassizistischen Stil errichte Wohnhaus ist unter dem Namen »Villa Mues« in Dülmen ein Begriff.

Das Amt Dülmen errichtete dieses Haus als Polizeidienstgebäude.

Das alte Haus von Dr. Bremer an der Münsterstraße wich einem modernen Praxis- und Wohnhaus.

Gewerbe und Industrie

Handwerksbetriebe gibt es seit eh und je in Dülmen. Betriebe wie Brennereien oder eine Seifenfabrik gab es schon im 18. Jahrhundert. Im Zuge der Industrialisierung siedelte sich 1842 als erster Industriebetrieb die Eisenhütte Prinz Rudolph an. Später folgten dann in der durch Textilverarbeitung geprägten Stadt die Webereien Bendix, Ketteler und Leeser. Nach dem Zusammenbruch der Textilfertigung blieben oder kamen andere Branchen wie etwa das metall- oder holzverarbeitende Gewerbe sowie beispielsweise die Fertigung von Industriefiltern hinzu. Die Betriebe eines heutigen mittelständischen Branchenmix liegen selten innerorts, sondern vielmehr in Randlage in Gewerbegebieten.

Die drei Handwerker arbeiten am Lüdinghauser Tor. 1908 wurde das Verbindungsbauwerk zwischen den zwei Rundtürmen eingesetzt.

▲ *Unmittelbar am Eingang zum Werksgelände der Hazemag & EPR liegt das Verwaltungsgebäude der Firma.*

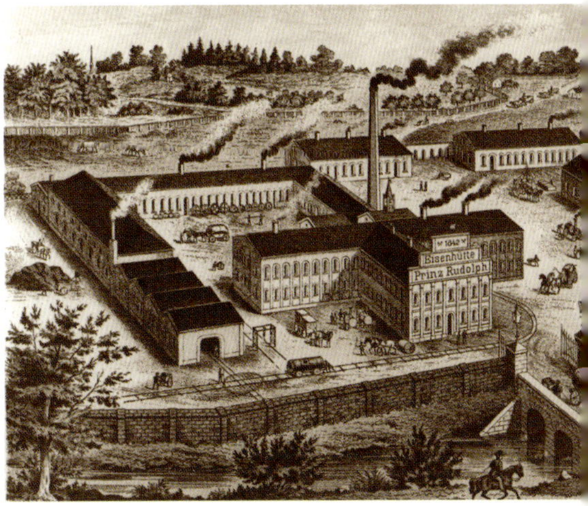

▲ *Der Kupferstich zeigt die älteste Ansicht der 1842 gegründeten Eisenhütte Prinz Rudolph.*

▶ *Das durch die Firma ERKO Classics genutzte Betriebsgebäude verblüfft mit verspiegelten Fassadenflächen.*

Die Sportwagenmanufaktur Wiesmann wurde in ihrer äußeren Form dem Wappentier der Automarke nachempfunden, einem Gecko. ▼

Der historische Kern der ehemaligen Seifenfabrik Beine an der August-Schlüter-Straße blieb bis heute erhalten. ▼

Kunst und Skulpturen

▶ *Die als Arbeit von Schülern des Clemens-Brentano-Gymnasiums unter Anleitung ihres Kunstlehrers Manfred Hoinka im Rahmen des Projekts »Stadt der Wildpferde« zwischen 2000 und 2003 entstandenen Wildpferde aus Stahl sind in mehreren Kreisverkehren Dülmens zu finden.*

Während es Skulpturen, etwa in Form von Statuen und anderen Werken, seit Jahrhunderten in den Stadtbildern gibt, entsteht die heute bekannte Kunst im öffentlichen Raum erst im 19. Jahrhundert. Frühe Werke sind vor allem Bildstöcke wie die Darstellung der heiligen

Barbara in Hausdülmen oder Brunnen, für die der Jubiläumsbrunnen von 1911 ein Beispiel ist. Insbesondere nach den Kriegen des 19. und 20. Jahrhunderts kommen auch Denk- und Mahnmale dazu. Seit den 1950er-Jahren prägen dann weitere Kunstwerke und Skulpturen das Stadtbild.

▲ *Die Figurengruppe »Die Widerspenstige« schuf Jürgen Ebert aus Bocholt 1996. Der Platz, an dem sich das Kunstwerk befindet, erhielt gleichzeitig den Namen »Niesströter Platz« in Anlehnung an das sogenannte Ziegenviertel.*

◀ *Auf vielfältige Weise zeigt Peter Bolle die Veränderung eines Baumstumpfes zu einer Skulptur, hier nahe der Visbecker Marienkapelle.*

▶ *Peter Bolle aus Dülmen gestaltete 2011 mithilfe einer Kettensäge aus alten Baumstümpfen einen Märchenpfad in der Nähe des Hauses Visbeck.*

Künstler und Künstlerinnen aus Dülmen oder der weiteren Umgebung schufen vor allem in den letzten Jahrzehnten verschiedene Werke, die heute zu bestaunen sind. Augenfällig sind vor allem die innerstädtischen Bronzefiguren, aber auch die anderen Stadtbereiche stehen dem nicht nach. Neben den dauerhaft in den öffentlichen Bereich aufgenommenen Skulpturen und anderen Werken sind hin und wieder auch weitere Darstellungen zu bewundern, beispielsweise im Rahmen des »Dülmener Sommers«. Die aktive Kunstszene Dülmens bereichert zudem das Spektrum mit diversen Aktionen.

▲

Die ursprünglich am Eichengrün-Platz aufgestellte Bronzeskulptur »Die Wäscherin« (1984) von Dr. Egon Lichte aus Coesfeld steht heute an der Borkener Straße nahe dem Overbergplatz. Sie soll an den alten Platz erinnern, an dem Wäsche gewaschen und gebleicht wurde.

Zum Ende des Jubiläumsjahres 2011 entstand (und verging) durch die Dortmunderin Johanna Niewerth eine 700 aus Eis.

▼

Die am alten Hallenbad angebrachte »Welle« entstand unter Anleitung des Dülmener Künstlers Fritz Pietz als Gemeinschaftskunstwerk zum Bürgerfest 2011.

Die Gruppe »Natz von Dülmen« (1993) des Bocholters Jürgen Ebert symbolisiert einen Reisenden und den »Natz von Dülmen« genannten Gastwirt Bernhard Ostrop.

1990 realisierte der Bildhauer Hans-Jürgen Vorsatz aus Duisburg das Partnerschaftsdenkmal Dülmen und Charleville-Mézières aus Basaltlava.

Der Kölner Künstler Gunter Demnig erinnert mit seinem Kunstprojekt »Stolpersteine« an die Opfer der Zeit des Nationalsozialismus. Die letzten beiden der vierzig in Dülmen verlegten Steine befinden sich seit 2011 in Rorup.

Anna Katharina Emmerick

In Dülmen wird die Erinnerung an Anna Katharina Emmerick als eine Person wachgehalten, die für viele Menschen ein Vorbild ist. Sie erregte durch ihre unerklärliche Stigmatisation und ihre Visionen die Aufmerksamkeit ihrer Zeit. Als mittellose Kötterstochter, in Flamschen bei Coesfeld geboren, versuchte sie viele Jahre vergebens die Aufnahme in ein Kloster. In Dülmen erfüllte sich ihr Wunsch, allerdings nur zehn Jahre bis zur Aufhebung des Klosters Agnetenberg. 1812 zeigten sich erstmals die Wundmale Christi auf ihrem Körper. Das Ergebnis einer kirchlichen Untersuchung mündete in der Feststellung, dass ein Betrug auszuschließen sei. Die erste Garde romantischer Schriftsteller und Theologen fand sich, fasziniert von ihrer spirituellen Tiefe, am Krankenbett von Anna Katharina Emmerick ein. Clemens Brentano blieb fast sechs Jahre in Dülmen und zeichnete ihre Visionen auf. Auch die staatliche Untersuchung bestand Anna Katharina. Sie nahm die Not ihrer Zeit um sich herum wahr, wurde zur fürbittenden Beterin unzähliger Bittsteller und nähte selbst im Krankenbett aus Stofffetzen noch Kinderjacken und Mützen. Ihr Grab befindet sich im Lichtraum der Unterkirche Heilig Kreuz. Anna Katharina Emmerick wurde 2004 seliggesprochen.

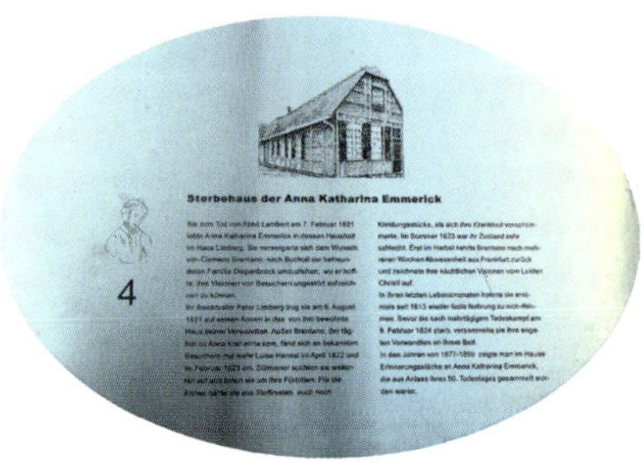

▲ *1897 wurde gegenüber dem Friedhof an der Lüdinghauser Straße ein Gebäude zum Gedenken an Anna Katharina Emmerick errichtet.*

Der Verein »Goldener Herbst« realisierte im Dezember 2009 an der Stelle des ehemaligen Emmerick-Hauses eine Senioren-Hausgemeinschaft mit 15 Mietwohnungen. ▼

In dem kleinen Fachwerkhaus des Vikars Limberg an der Tiberstraße, Ecke Borkener Straße bewohnte Anna Katharina von August 1821 bis zu ihrem Tode eine Kammer.

Das Schreibpult aus ihrem Krankenzimmer trägt noch die Wachsmarken der Versiegelung. Von ihrem Bettkorb brachen Pilger immer wieder Teile als Andenken ab.

An der Stelle, an der vor dem Krieg das Emmerick-Sterbehaus stand, befindet sich heute ein Geschäft für Porzellan und Küchenartikel.

▲ *Am 13. Februar 1824 wird Anna Katharina Emmerick auf dem Friedhof an der Lüdinghauser Straße beigesetzt.*

▲ *Am Grab, das sich in der Mitte des Kirchhofs befand, beteten immer wieder einzelne Verehrer oder Gruppen.*

Adelige Frauen aus Rom stiften 1858 für das Grab ein Kreuz, eine polnische Gräfin das Gitter. ▼

▶ *Zentrales Ausstellungsstück der Gedenkstätte ist das Krankenzimmer aus dem Hinterhaus des Gastwirts Franz Limberg.*

◀ *Dort, wo sich früher das Grab der Emmerick befand, steht heute ein Gabelkreuz, dessen Korpus Ruth Schaumann aus München gestaltete.*

Die neue Gedenkstätte unter der Krypta der Heilig-Kreuz-Kirche präsentiert viele der von Pater Wegener zusammengetragenen Erinnerungsstücke. ▼

Freizeit und Sport

▲

Der Volkslauf ist auch in Dülmen zum Breitensport geworden, hier der Start des von der TSG Dülmen veranstalteten Nikolauslaufes.

Im Gegensatz zum hergebrachten Begriff des Zeitvertreibs entwickelte sich der heutige moderne Freizeitbegriff erst langsam im 20. Jahrhundert als Zeitraum, in dem der Einzelne frei ist von bindenden Verpflichtungen und er die Zeit oft für vielfältige Aktivitäten nutzt. Zu diesen Aktivitäten zählen neben dem Sport, der damaligen Leibesertüchtigung, auch viele kulturelle Tätigkeiten. Die damalige Badeanstalt wurde durch ein modernes Freizeit- und Wellnessbad, das Freizeitbad »düb«, abgelöst. Dülmener Vereine organisieren die vielfachen Möglichkeiten, sich sportlich zu betätigen.

Das Dülmener Bad »düb« hat sich zu einem modernen Wellness- und Freizeitbad entwickelt.

▼

▲

In der Nähe des Hausdülmener Sportplatzes befinden sich ein kostenloser Stellplatz für Wohnmobile und eine Kanu-Anlegestelle.

Die erste Dülmener Badeanstalt eröffnete 1895 an der Steinkuhle. Anscheinend mehr als eine Schulklasse stellte sich dem Fotografen in den 1920er-Jahren.

▼

Fahrrad

Manch ein Besucher der Wildpferde-Stadt liebt das reichhaltige Netz der Radfahrrouten durch das Kernmünsterland. Das Radwandervergnügen in Dülmen erstreckt sich über sogenannte »Pättkes« mit einer ausgeschilderten Gesamtlänge von 485 km. Aufgrund seiner recht ebenen Geländetopografie ist das Kernmünsterland geradezu ein Paradies für Rennradfahrer. Manch Dülmener nimmt lieber das Rad für die kurze Fahrt in die Innenstadt anstelle des eigenen Autos. In den 1980er-Jahren warb die Tourismusförderung für das Radfahren in Dülmen mit dem Slogan: »Auch Natz fährt Rad«.

Dülmen verfügt über gekennzeichnete Radwandertouren, die auch in das nordrhein-westfälische Radverkehrsnetz eingebunden sind.

▲
Am Radwanderweg »Naturroute mit Familienstrecke« gibt es diese Naturerlebnisstation.

Für die notwendige Rast nach einer langen Radtour bietet Dülmen viele Einkehrmöglichkeiten.
▼

◀
In unserer fahrradfreundlichen Stadt existieren in einigen örtlichen Sportvereinen auch Radfahrabteilungen.

Auto

Schon vor 1900 sichtete man in Dülmen erste Autos auf den teilweise chaussierten Straßen, 1901 verlief sogar das internationale Automobilrennen von Paris nach Berlin durch Dülmen und Buldern. Im Dezember 1903 meldete Carl Herzog von Croÿ das erste Auto, ein Fahrzeug aus dem Werk Ateliers Germain im belgischen Monceau-sur-Sambre, in Dülmen an. Nach der Bescheinigung durch einen Sachverständigen durfte dieses Auto ab Juli 1904 auch auf öffentlichen Straßen genutzt werden. Heute produziert die 1988 gegründete Sportwagenmanufaktur Wiesmann unter dem Markenzeichen des Geckos moderne und exklusive Sportwagen in Dülmen, die die Stadt weit über ihre Grenzen hinaus bekannt machen.

Dr. Josef Bremer besaß einen Opel P4, der am 2. Juni 1926 zugelassen wurde.

▲

Einen Blick hinter die Kulissen der Autoproduktion konnten die Besucher am Tag der offenen Tür der Sportwagenmanufaktur Wiesmann werfen.

▲ *Der Erste Dülmener Oldtimer-Club präsentiert seine Fahrzeuge beim Bürgerfest.*

Viele VW Käfer waren 2007 zum Käfertreffen in Dülmen zu Gast. ▼

Paul Bendix war 1911 einer der ersten Besitzer eines Automobils in Dülmen, eines Mercedes aus dem Jahr 1908. ▼

Für einen Umzug um 1930 wurde dieser Lastkraftwagen von der Belegschaft der Brauerei Sternemann hergerichtet. ▼

Märkte und Jahrmärkte

Mit den Stadtrechten erhielt Dülmen 1311 ebenso die Marktrechte. So durfte zweimal im Jahr ein Markt abgehalten werden. In dieser Tradition veranstaltet die Stadt Dülmen die beiden Jahrmärkte »Viktorkirmes« und »Dreifaltigkeitskirmes«, aber auch die Wochenmärkte. Während der Wochenmarkt seinen Platz auf dem Marktplatz findet, verteilen sich die Jahrmärkte in der Stadt, vor allem auf dem Overberg- und dem Marktplatz. Weitere von Dülmen Marketing organisierte Märkte wie der Viktormarkt, der Kartoffelmarkt oder der Weihnachtsmarkt bereichern das vielfältige Marktgeschehen.

▲

Die Dreifaltigkeitskirmes findet alljährlich in der Zeit nach Pfingsten statt.

▲

Jeweils am Dienstag und am Freitag ist in Dülmen Markttag.

▶

Der Viktormarkt wird oft mit zusätzlichen Angeboten organisiert, in diesem Fall zusammen mit einer Büchermeile.

◀

Auf dem Marktplatz rund um den Jubiläumsbrunnen herrschte schon in den 1930er-Jahren buntes Markttreiben.

engbers
... immer einen Schritt voraus
Schuh-Eck
Reinermann
GEERS
engbers
PORTAS
PORTAS

Wenn in Dülmen eine Band auftritt oder ein Fest gefeiert wird, wird der Dülmener Marktplatz miteinbezogen.

Zum Angebot auf dem Bürgerfest am 3. Oktober gehört auch Hausgemachtes, beispielsweise schmackhafter Holundersaft.

Feste, Feiern und Veranstaltungen

Das Feiern von Festen und die Pflege des Brauchtums gehören zum Kulturgut des Menschen. So ist es nicht verwunderlich, dass die Dülmener Bevölkerung zusammen mit ihren Gästen und Besuchern das ganze Jahr hindurch unterschiedliche Anlässe feiert. Ob Weinfest, Dülmen à la carte, Bürgertreff oder Schützenfest: Manch eine der jährlich wiederkehrenden Veranstaltungen blickt auf ein kleines Jubiläum zurück.

Seit 1989 ziehen Straßentheatergruppen aus dem In- und Ausland unter dem Titel »Dülmener Sommer« zahlreiche Besucher an. Ebenso begeistert der »Dülmener Winter« Groß und Klein mit seiner Eisbahn auf dem Marktplatz.

In »Formation« ziehen die Bürgerschützen zum Fahnenschlag auf den Marktplatz.

Beim Weinfest werden nicht nur die Fußgängerzonen, sondern auch der neu gestaltete Königsplatz integriert.

Wasserspiele, wie hier das Fontänenfeld in der Fußgängerzone, sind immer ein Fest für Kinder.

Im Umzug zum Stadtjubiläum 2011 führte der Hiddingseler Schützenverein seine Äxtemänner mit.

Die Hardenberg-Wallfahrer ziehen nach der Ankunft vom Bahnhof zur Pfarrkirche St. Viktor.

Der Jubiläumsumzug von 1911 hatte Abteilungen, die historische Ereignisse der Stadtgeschichte darstellten.

Seit mehr als 20 Jahren treten auf dem Dülmener Marktplatz als Bühne unterschiedliche internationale Straßentheater-Ensembles auf.

Die letzte Gruppe des Jubiläumsumzugs von 1911 hatte einen Nachbau des Lüdinghauser Tores auf ihrem Wagen.

Drei Nächte lang zeichnete 2012 Nikola Dicke auf die Fassaden von Dülmener Sehenswürdigkeiten ihre Lichtzeichnungen, wie hier am Nonnenturm.

Dülmen bei Nacht

▲
Im Advent wird das Dülmener Rathaus weihnachtlich beleuchtet.

Erst die größere Verbreitung elektrischen Lichts Ende des 19. Jahrhunderts schuf die Voraussetzung, die Stadt nicht nur zweckmäßig zu beleuchten, sondern stimmungsvoll zu illuminieren. Waren es zum Beispiel in den 1930er-Jahren einzelne Gebäude, die zeitweilig angestrahlt wurden, erfolgt nun mit Beginn der Dämmerung alltäglich eine effektvolle Beleuchtung von Pflanzen, Skulpturen und Gebäuden. Einzelne Aktionen wie die Lichtzeichnungen von Nikola Dicke 2012 bringen zudem besondere Momente in die Stadt.

Der nächtliche Marktplatz mit Rathaus und Turm der St.-Viktor-Kirche im Hintergrund
▼

▲ *Gezielter Lichteinsatz zeichnet die Bauelemente an der historischen Fassade des Dülmener Amtsgerichts nach.*

▲ *Erst bei Dunkelheit kommt das Wechselfarbspiel der Wasserfontänen in der Marktstraße zur Geltung.*

◀ *Die Figur der Mutter Anna wird bei Nacht von der Beleuchtung der Kreuzkapelle ins rechte Licht gerückt.*

▶ *Als eine der städtischen Sehenswürdigkeiten wird die St.-Viktor-Kirche bei Einbruch der Dunkelheit angeleuchtet.*

Eingehüllt in Kunstlicht hebt sich das Stadttor vor nachtschwarzem Hintergrund ab.

Erst in der Dunkelheit auf regennasser Fahrbahn zeichnen sich am Königsplatz bunte Lichtreflexe der Leuchtreklamen ab.

Lichtmalerei von Nikola Dicke auf einer Hausfassade an der Marktstraße

Ortsdurchfahrt

Entlang dieser alten Wegeverbindung, die heute die Ortsdurchfahrt bildet, entwickelte sich das Dorf Buldern, das im Zuge der kommunalen Neugliederung seit 1974 Dülmens größten Ortsteil bildet. Die Anzahl der an der Weseler Straße vorhandenen Gaststätten war einst legendär. Bis 1959 wurde einmal im Jahr die Ortsdurchfahrt zur Spielfläche der Junggesellen im Ort. Heute kämpft beim Osterhasseln die männliche Dorfjugend der Ost- gegen die Westseite jedoch auf der weniger befahrenen Nottulner Straße. Dabei kommt es darauf an, den »Hassel«, eine große runde Sperrholzscheibe, über eine Linienmarkierung zu treiben.

Seit der kommunalen Neugliederung gehört Buldern als größter Ortsteil zur Stadt Dülmen.

▼

Damals wie heute führt die Straßenverbindung Dülmen – Münster mitten durch den Ort.

An der Weseler Straße liegt der Dorfplatz mit den Fachwerkspiekern und dem Kriegerdenkmal.

Alte Kirche

Seit 1913 ist die alte Dorfkirche in Buldern Eigentum der Familie von Romberg und dient dieser als Grablege. Die Kirche ist ein uneinheitlicher Bau des 11. bis 16. Jahrhunderts. Ein Gewölbeschlussstein trägt die Jahreszahl 1502. Der romanische Turm, der älteste Teil der Kirche, ist vermutlich im 11. Jahrhundert errichtet worden. Kirchenschiff und Chor sind gotisch. Über viele Jahre reichte die Größe des Gotteshauses für die Einwohnerzahl von Buldern aus. Im Jahr 1900 beschloss die Kirchengemeinde jedoch einen Neubau, der 1906 seiner Bestimmung übergeben werden konnte.

▲

Als Gruftkirche der Familie von Romberg befindet sich die alte Pfarrkirche seit 1913 in Privatbesitz.

Der Kirchhof der alten Pfarrkirche war auch der Begräbnisplatz in Buldern, wie die historische Aufnahme zeigt.

▼

◀

Die alte Pfarrkirche wird der Bulderner Gemeinde ab 1900 für ihre vielen Gottesdienstbesucher viel zu klein.

St.-Pankratius-Kirche

Im Baustil der Neugotik entstand in der Zeit zwischen 1902 und 1906 die neue Pfarrkirche St. Pankratius als dreischiffige Backsteinbasilika. Die Pläne hierzu lieferten Professor Ludwig Becker aus Mainz und Architekt W. Sunder-Plaßmann aus Münster. Die ursprünglich sehr reichhaltige ornamentale Kirchenausmalung wurde zwischenzeitlich auf ein dezentes Maß zurückgenommen. Nach und nach wurden viele wertvolle Kunstwerke für die Kirche angeschafft. Nach Beseitigung von Kriegsschäden, der Erneuerung des Kupferhelms und der Fassadensanierung präsentiert sich das Gotteshaus in einem guten Zustand.

▲

Blickachse vom Spiekerplatz bis zur St.-Pankratius-Kirche

▲

Detailansicht der Figur »Ecce-Homo« an der äußeren Chorwand der Pfarrkirche

Innenansicht der Kirche mit einer figurenreichen Ausmalung

▼

◀

Im Jahr 2006 konnte die St.-Pankratius-Kirche ihr 100-jähriges Bestehen feiern.

Spieker

Im Zuge der Neugestaltung von Bulderns Ortsmitte erklärte man 1976 das Ziel, einen Spieker zu errichten. Der Spieker des Gräftenhofs der Familie Schulze Mönking in der Bauerschaft Bredenbeck bei Senden konnte erworben und aufgebaut werden. Seit der Einweihung 1978 steht das etwa 250 Jahre alte Gebäude als Heimat- und Vereinshaus – auch für Hochzeiten – zur Verfügung.

Der von einem flämischen Baumeister errichtete Kleine Spieker stammt vom Hof Lülf-Pelkum-Iker aus der Bauerschaft Empte und ergänzt seit 1980 das Ensemble. Seine jüngste Ergänzung erfuhr der Spiekerplatz 2009 durch die Errichtung eines Fachwerk-Nebengebäudes mit Toilettenanlage und Abstellräumen.

▲

Die Arbeitsgemeinschaft »Ortsmittelpunkt Buldern« half mit Eigenleistungen bei der Errichtung des Großen Spiekers 1976 mit.

◀

Der Kleine Spieker stammt vom Hof Pelkum, genannt Lülf, in Empte.

Für unterschiedliche Feste und Feiern, wie hier eine Hochzeit, kann der Große Spieker gebucht werden.

▼

Schloss Buldern

Das Haus Buldern liegt mitten in einem weitläufigen Landschaftsgarten, dessen Gestaltung in Form einer englischen Parkanlage im Zusammenhang mit der Errichtung des neuen Herrenhauses im Jahr 1838 entstand. Heute wird der größte Teil des Gesamtkomplexes Schloss Buldern von einem Internat genutzt. Die Anfänge der Burganlage reichen bis in das 16. Jahrhundert zurück und werden den Herren von Buldern zugeschrieben, die Münstersche Dienstmannen und Burgmannen von Haus Dülmen waren. Der prominenteste Eigentümer der Schlossanlage war Gisbert von Romberg, auch bekannt als »Toller Bomberg« nach einem Roman von Josef Winckler.

▲ *Die alte Ansichtskarte widmet sich ebenfalls der Gartenfassade des klassizistischen Haupthauses von Schloss Buldern.*

▲ *Zum ältesten Teil von Haus Buldern gehört dieses Torhaus.*

Wenn der Winter in die englische Parkanlage Einzug gehalten hat, legt sich der Schnee wie feines weißes Pulver über Teich und Geländemodulation. ▼

◀ *Das 1838 errichtete Herrenhaus des Schlosses Buldern ist ganzjährig ein schönes Fotomotiv.*

Kriegerdenkmal

Zur Ehrung der Gefallenen und Vermissten aus dem Deutsch-Französischen Krieg von 1870/71 und dem Ersten Weltkrieg steht seit 1923 am Dorfplatz an der Weseler Straße ein Denkmal. Aus Gründen der Sparsamkeit wurden Findlinge aus der Umgebung zu einer stumpfen Pyramide aufgeschichtet. Auf seiner Spitze sitzt ein flügellahmer gusseiserner Adler. Eine weitere Gedenktafel mit den Namen der Gefallenen und Vermissten des Zweiten Weltkrieges wurde nach 1945 hinzugefügt. Ebenso eine zerbrochene Natursteinplatte mit der Inschrift »Den Opfern von Krieg und Gewalt«.

▲

Mächtige Feldsteine wurden 1923 zu einem beeindruckenden Pyramidenstumpf aufgeschichtet. Bis 1947 standen an den vier Ecken der Pyramide Granathülsen.

In unmittelbarer Nachbarschaft zum Kriegerdenkmal steht diese 1997 errichtete schlichte, jedoch geborstene Marmorplatte.

▼

◀

Die beiden gusseisernen Plastiken, Adler und Soldatenbüste, wurden vom Bildhauer Frerichmann aus Senden gefertigt.

Burgplatz und St.-Mauritius-Kirche

Auf den Resten einer eingeebneten und abgetragenen Burganlage aus dem 12. Jahrhundert entwickelte sich das heutige Dorf Hausdülmen. Die Landesfeste, das bischöfliche Haus bei Dülmen, wurde 1115 auf einer aufgeschütteten Erhöhung an einer Engstelle eines breiten, unwegsamen Moor- und Heidegürtels angelegt. Die Burg wurde von einer Gruppe von Burgmännern, jungen adeligen Söhnen der Umgebung, die ihre Häuser auf dem Burgplatz unterhielten, unter der Führung eines Burggrafen verteidigt. 1536 sprach ein Gericht die seit 1535 in Haus Dülmen inhaftierten Anführer der münsterschen Wiedertäufer schuldig und verurteilte sie zum Tode. Heute prägen die historische Kapelle aus dem 17. Jahrhundert, deren Ursprünge bis in das Jahr 1150 zurückreichen, und der Kirchenneubau von 1949 bis 1955 den Ortsteil.

▲ *Nach alten Rechnungen existierte bereits 1770/72 eine Turmuhr, die gründlich überholt wurde.*

Die alte St.-Mauritius-Kapelle ist ein Wiederaufbau der zuletzt im Spanisch-Niederländischen Krieg zerstörten Burgkapelle. ▼

Das Bauernhaus der Familie Haack wurde 1680 gebaut und lag neben der Kapelle am Burgplatz.

Als infolge eines Brandes 1948 das historische Bauernhaus abgebrochen wurde, war der Blick auf die St.-Mauritius-Kapelle frei.

Zentrales Ausstattungsstück der Kapelleninneneinrichtung ist der barocke Mauritiusaltar.

Blick über die Gartenanlagen zur St.-Mauritius-Kapelle und dem Kirchenneubau aus dem Jahr 1955

Die Aufnahme von 1939 zeigt die enge Bebauung des Burgplatzes rechts und links neben der alten St.-Mauritius-Kapelle.

Große Teichsmühle

Die wahrscheinlich zeitgleich mit der Hausdülmener Burg 1115 entstandene Öl- und Getreidemühle liegt am Heubach, der das für den Betrieb erforderliche Wasser lieferte. Ihre günstige Lage am jahrhundertelang als Heer- und Handelsweg genutzten Sythener Hellweg, der an dieser Stelle den Wasserlauf mit einer Brücke überquert, machte sie zu einer wichtigen Anlaufstelle, deren Bedeutung sich Ende des 19. Jahrhunderts zu einem beliebten Ausflugsziel änderte. Der nahe gelegene, zur ehemaligen Wassermühle gehörige Hotel- und Gastronomiebetrieb ist ein gefragter Ausgangspunkt zum Beispiel für Radwandertouren.

▲

Den heiligen Nepomuk stiftete Kaplan Werner Bügelmann im Andenken an seinen Vater und diejenigen, die in der Mühle gelebt und gearbeitet haben.

Die Steinbrücke geht auf Friedrich Christian von Plettenberg zurück, der sie 1705 bauen ließ. Sie verläuft unmittelbar hinter dem Stauwehr.

▼

▲
Nahe der ehemaligen Doppelwassermühle befindet sich der Gastronomie- und Hotelbetrieb, der die Tradition der dortigen Wirtschaft fortsetzt.

▲
Nach der Zerstörung im Zweiten Weltkrieg wurde die Wirtschaft 1951 neu errichtet und erfreut sich großer Beliebtheit.

Die Mühle bietet zugleich den Überweg für den Sythener Hellweg. Der hinter der Brücke aufgestaute Mühlteich diente auch als Badesee.
▼

Ehrenfriedhof

An der Straße nach Haltern entstand zwischen 1914 und 1915 auf einem Gelände des Herzogs von Croÿ in der Sythener Mark ein etwa 75 Hektar großes Lager für Gefangene des Ersten Weltkriegs, zu dem ab 1915 auch ein Lagerfriedhof gehörte. Dort wurden selbst noch nach dem Zweiten Weltkrieg Kriegsopfer beigesetzt. Im Zuge der Ausweitung der Baggerarbeiten der Sythener Quarzwerke ganz in der Nähe des ehemaligen Kriegsgefangenenlagers wurde 1967 hinter dem Hausdülmener Waldfriedhof ein Ehrenhain neu angelegt. Dorthin wurden die 602 Toten des ehemaligen Lagerfriedhofs aus Russland, Rumänien, Polen, Belgien und Serbien umgebettet.

1967 wurde der Ehrenfriedhof durch Umbettung von 602 Kriegstoten, davon 588 aus dem ehemaligen Kriegsgefangenenlager des Ersten Weltkriegs, angelegt. ▼

▲

Nach einem Entwurf des Architekten Hausmann entstand 1915 für das Kriegsgefangenenlager bei Hausdülmen eine würdige Begräbnisstätte am leicht ansteigenden Hang.

▶

Natursteinplatten, in denen die Namen der Verstorbenen eingeschlagen wurden, kennzeichnen die Gräber.

Dorfplatz

Schon bei der Ankunft in Hausdülmen fällt der zentral an einer Durchgangsstraße gelegene Platz auf. Kleine Häuser, deren Vorgänger bis zur Industrialisierung erst von Burgbediensteten und später auch von der seit der Industrialisierung oft als Weber tätigen Bevölkerung bewohnt wurden, umsäumen den Dorfplatz, der auch als Unterplatz oder Freiheit bezeichnet wurde. Historisch gesehen war es die vom Gesinde bewohnte und mit Wassergräben umgebene Vorburg. Ein Gänsebrunnen und in den Sommermonaten ein Maibaum schmücken heute diesen Platz, der gerne auch von Radwandergruppen für eine erholsame Rast angesteuert wird.

▶ *Der 19 Meter hohe und rund 800 Kilogramm schwere Maibaum ist neben einem Kranz mit zehn Handwerker- und zwei Vereinsemblemen geschmückt.*

Hausdülmen, das circa 2.200 Einwohner verzeichnet, hat sich über die Jahrhunderte den Charakter des kleinen Burgdorfes bewahrt. ▼

Am Dorfplatz, dem früheren Unterplatz, wohnte das zur Burg gehörende Dienstpersonal.

Die Landesstraße 551 wird auf der historischen Straßentrasse mit einigen Biegungen durchs Dorf geführt.

Der Hausdülmener Dorfplatz in den 1950er-Jahren

St.-Georg-Kirche

Altersbedingte Baufälligkeit und Platzmangel waren die Gründe, die dazu führten, 1911 in der Dorfmitte von Hiddingsel eine neue katholische Pfarrkirche im neoromanischen Stil zu errichten. Nach dem Einsturz von Gebäudeteilen während des Ersten Weltkriegs musste die alte Kirche abgebrochen werden. Architekt A. Kersting aus Essen-Rüttenscheid schuf innerhalb von nur zwei Jahren eine beeindruckende Backsteinbasilika, die durch die Zahl und Anordnung der Fenster im Innern eine angenehme Fülle an Licht erhält. So erhielt sich das denkmalgeschützte Gebäude bis heute seine Einzigartigkeit, eine Symbiose aus verschiedenen Elementen christlicher Baukunst (byzantinisch – romanisch – gotisch – barock).

▲
Eines der größeren bleiverglasten Kirchenfenster mit figürlicher Darstellung hat Jesus den Weltenrichter zum Thema.

Ein Unikat, das seinesgleichen sucht, ist die Pfarrkirche St. Georg.
▼

Dem damaligen Zeitgeschmack entsprach die üppige Ausmalung des Innenraums.

Als Bauplatz für die neue St.-Georg-Kirche wurde 1910 ein Grundstück am Kleuterbach ausgewählt.

Nach der Umgestaltung in den Jahren 1996 bis 1997 präsentiert sich der Kirchen-innenraum deutlich ruhiger.

Brennerei Hellmann

Das Gebäude der ehemaligen Kornbrennerei Hellmann, gegenüber der Pfarrkirche St. Georg gelegen, prägt mit seiner Neorenaissance-Fassade die Ortsmitte von Hiddingsel und lädt den vorbeikommenden Radler zum Verweilen im angrenzenden Biergarten ein. Zwischen 1890 und 1900 wurde der zweigeschossige Backsteinbau als Wohnhaus und Firmensitz errichtet. Heute beherbergt das denkmalgeschützte Gebäude ein Hotel mit Café und Tagungsstätte. Zum Gesamtkomplex gehört auch der 1995 eröffnete Seniorenpark Münsterland mit 80 Betreuungsplätzen und einer kleinen Gartenanlage.

Über Eck liegt der Eingang zum Schank- und Gastraum.

Der Neorenaissance-Bau wuchert mit seiner zur Straße platzierten Schmuckfassade.

▲ *Diese florale Zierform findet sich unter einem Fenster der Außenfassade.*

▶ *Der Schornstein der Brennerei Hellmann blieb ebenfalls erhalten.*

▶ *Die Bäume auf dieser historischen Aufnahme verdecken fast das Wohn- und Verwaltungsgebäude der Kornbrennerei Hellmann.*

St.-Johannes-Nepomuk-Kapelle

▲

Die kleine Andachtskapelle entstand auf einem der Kirche geschenkten Grundstück des Landwirts Düpmann.

Auf einer aus der Gemarkenteilung der Bauerschaft Elvert liegen gelassenen »Gemeinschaftsfläche« wird die St.-Johannes-Nepomuk-Kapelle 1841 als Ersatz für einen Vorgängerbau aus der Zeit um 1700 errichtet. Lange trug die Kapelle am Ausgang des Dorfes Hiddingsel auch den Beinamen Pestkapelle, da in ihr während der jährlichen Pestprozession Station gemacht wurde. Schmuckstück der Innenausstattung ist ein Altaraufsatz aus der Zeit des Rokoko, in dessen Mitte eine Skulptur des heiligen Nepomuk steht. Die alten knorrigen Lindenbäume, die das Ensemble prägten, sind altersbedingt durch Ersatzanpflanzungen verschwunden.

▲

Zwei alte Linden am Eingang der Kapelle erzeugten bis vor wenigen Jahren für die Wegekapelle ein malerisches Ambiente.

►

Neben dem Rokoko-Altaraufsatz mit einer St.-Johannes-Nepomuk-Figur ist die Kapelle mit einigen Kirchenbänken möbliert.

◄

Die St.-Johannes-Nepomuk-Kapelle liegt am Ortsrand von Hiddingsel an den Straßen nach Lüdinghausen und Senden.

DEN GEFALLENEN HELDEN
DES WELTKRIEGES 1914-18
DIE DANKBARE GEMEINDE

Kriegerdenkmal

Mitten in Hiddingsel an der Stelle der 1919 abgerissenen alten romanischen Dorfkirche wurde auf Initiative des Kriegervereins ein Denkmal zu Ehren der Gefallenen des Ersten Weltkrieges errichtet. Als Bildprogramm wurde der heilige Georg, der gleichzeitig der Pfarrpatron ist, gewählt. In ihrer wechselvollen Geschichte erfuhr die 1924 vom Sendener Bildhauer Alexander Frerichmann geschaffene Figur immer wieder Veränderungen und Umgestaltungen. Dabei wurde die Statue mehrfach gedreht.

Die Grundrisslinien der alten Dorfkirche wurden bei der jüngsten Platzgestaltung in die Pflasterung eingearbeitet.

▶ *Die alte romanische Dorfkirche wurde nach dem Neubau eines größeren Gotteshauses 1919 wegen Baufälligkeit abgebrochen.*

◀ *Das Hiddingseler Kriegerdenkmal aus Ibbenbürener Sandstein ist ein Werk des Sendener Bildhauers Alexander Frerichmann.*

Als ehemaliger Kirchhof ist der heutige Denkmalplatz von kleinen, teils in Fachwerk ausgeführten Häusern umsäumt. ▼

Zur feierlichen Einweihung 1924 wurden am Sockel des Denkmals des heiligen Georg Kränze niedergelegt. ▼

St.-Antonius-Kirche

Zwischen ersten Plänen zum Bau einer Kirche in Merfeld (Ende des 19. Jahrhunderts) und der feierlichen Einweihung durch Bischof Clemens August Graf von Galen am 15. August 1939 verlief eine teilweise turbulente Zeit. Die Umstände (Erster Weltkrieg, Inflation), aber auch Uneinigkeit über den Standort und den Baustil der Kirche führten immer wieder zu Verzögerungen. Ab Mitte der 1930er-Jahre entstand rund um die St.-Antonius-Kirche eine neue Siedlung. Da Merfeld von Kriegszerstörungen verschont blieb, wuchs der Ortsteil nach 1945 durch Zuzüge rasch an.

Am Fest Mariä Himmelfahrt 1939 ist die Kirche festlich für ihre Einweihung geschmückt.

Der Turm der St.-Antonius-Kirche wird rechts und links von kleinen Anbauten flankiert.

Die Erinnerungstafel an den Besuch des Kardinals von Galen wurde wegen der Witterungsschäden erneuert.

Die historische Aufnahme zeigt die St.-Antonius-Kirche Ende der 1930er-Jahre von der Rekener Straße aus.

Das Spiel von Licht und Schatten zeichnet sich an sonnigen Tagen auf der Backsteinfassade der Kirche ab.

Auch sonntags fuhr der Merfelder Landwirt mit Pferd und Wagen zur Kirche.

Antoniusstatue

Wo sich heute die Antoniusstatue des Bildhauers Joseph Krautwald befindet, prägten der Turm zur Verteilung und Umspannung von Elektrizität sowie die Gleise der sogenannten »Teckelbahn« über viele Jahre das Merfelder Ortsbild. Die Merfelder Stele aus Anröchter Grünsandstein zeigt verschiedene Reliefs mit Motiven aus dem Ort sowie dem Leben der Landbevölkerung. Sie fußt auf einer Darstellung der wilden Pferde im Merfelder Bruch und endet mit der Statue des Orts- und Pfarrpatrons, des heiligen Antonius Abbas. Der Einsiedler, der mit Schwein dargestellt wird, gilt als Schutzpatron der Landwirte.

▲ *An der Stelle, an der heute die Antonius-Stele steht, stand zur Verteilung der Elektrizität im Dorf dieser Turm.*

Der gesamte Platz rund um die Statue mit dem Schutzheiligen Merfelds wurde gärtnerisch gestaltet. ▼

◀ *Der Bildhauer Joseph Krautwald schuf die Stele aus Anröchter Grünsandstein.*

▲
In der Nähe des alten Bahnhofs liegt die obere Wassermühle.

Alte Mühle

Unterlagen über die Verpachtung einer Mühle am Kottenbrocksbach belegen eine Erbauungszeit vor dem Jahre 1736. Das mit Ziegelsteinen ausgefachte Fachwerkgebäude liegt eingebettet zwischen einem kleinen Waldsaum und Wiesen und Feldern. Die alte Mühle gehörte zur ehemaligen Wasserburg Haus Merfeld und konnte sowohl Backmehl als auch Schrot mittels zwei Mahlgängen produzieren. Seit 1984 dreht sich ein neues hölzernes Wasserrad. Da die Mühle heute als Wohnhaus dient, wurde die innere Technik komplett entfernt. Nur wenige Spaziergänger oder Pättkesfahrer steuern dieses Kleinod an.

▲
Die Mühle gehörte zur Wasserburg Haus Merfeld und lag am Bachlauf oberhalb der Burg.

◀
Hinter der als Garage dienenden Scheune liegt die alte Wassermühle.

Das Mühlrad ist zwar noch erhalten, jedoch nicht mehr in Funktion.

▼

Haus Merfeld

Die überlieferte Burganlage, vor den Toren des Ortsteils Merfeld gelegen, wurde erstmals 1353 urkundlich erwähnt. Seinen guten Erhaltungszustand verdankt das Gesamtensemble der Tatsache, dass das Haus Merfeld, welches 1836 vom Herzog von Croÿ erworben wurde, nach der Zerstörung des Dülmener Stadtschlosses ab 1945 als Familiensitz des herzoglichen Hauses genutzt wurde. Bis zum Bau der neuen Pfarrkirche in der Dorfmitte diente die Burgkapelle den Bewohnern der Umgebung für den sonntäglichen Gottesdienst. Die Reste der ehemaligen Gräfte deuten noch heute auf den wehrhaften Rittersitz hin.

▲
Der Stein mit dem Allianzwappen derer von Mallinckrodt und Merode befindet sich über dem Portal der Nordfassade.

Das Torhaus mit dem fialenbesetzten Treppengiebel wurde 1547 von Meister Heinrich Wichmann gebaut.
▼

Das Bauhaus stammt aus der ersten Hälfte des 16. Jahrhunderts und wurde zu Wohnzwecken hergerichtet.

Die Kapelle St. Antonius Abbas wurde 1466 errichtet und im 17. Jahrhundert aufgrund von Schäden aus dem Dreißigjährigen Krieg erneuert.

Historische Aufnahme des Torhauses von 1547

An den Südgiebel des Torhauses schließt das 1755 erbaute Herrenhaus an.

Tordurchblick von der Gartenseite aus

St.-Agatha-Kirche

Der Neubau der Pfarrkirche St. Agatha, der das gotische Vorgängergebäude als südliches Seitenschiff mit einschließt, feierte im Jahr 2012 sein hundertjähriges Jubiläum. Vermutlich hatte das alte Kirchengebäude ebenfalls einen kleineren romanischen Vorgängerbau, der der Muttergottes geweiht war. Das Patrozinium der heiligen Agatha entstand erst über die Stiftung einer gleichnamigen Vikarie im Jahre 1413. Der alte Kirchturm mit Treppengiebel trägt die Jahreszahl 1681 in Form von schmiedeeisernen Maueranker. Die Innenausstattung beinhaltet einige schöne Kunstgegenstände und Skulpturen.

Die 1912 erweiterte St.-Agatha-Kirche war zunächst der Gottesmutter geweiht.
▼

▲ *Die letzte Innenrenovierung der Kirche erfolgte im Frühjahr 2002.*

▶ *Auf dieser historischen Aufnahme ist der Innenraum nach der Erweiterung im Jahr 1912 zu sehen.*

Schandpfahl

Ob an ihm tatsächlich Urteile vollstreckt wurden oder ob der Roruper Schandpfahl nur als steinerne Demonstration der Gerichtshoheit des Raban Wilhelm Freiherr von Kükelsheim fungierte, vermag keiner zu sagen. Der aus Sandstein gefertigte Pranger trägt die Jahreszahl 1742 und zählt die Ämter sowie Machtbefugnisse seines Erbauers auf. Seinen ersten Standort hatte der Schandpfahl vermutlich am Beginn der langen Allee in Rorup. Seit 1962 hat das Wahrzeichen Rorups seinen Platz vor dem ehemaligen Amtshaus, dem heutigen Bürgerhaus, jedoch seit 2011 nur noch als maßstabsgetreue Replik. Das Original befindet sich nach einer Restauration im Bürgerhaus. Der Schandpfahl ist das einzige Zeugnis dieser Art im Kreis Coesfeld.

▶ *Eine Kopie des historischen Schandpfahls steht vor dem Roruper Bürgerhaus.*

Um das Denkmal mittelalterlicher Gerichtsbarkeit vor der Witterung zu schützen, wurde es in das Bürgerhaus verlegt.

Bis 1939 stand der Schandpfahl an der Einfahrt zur Allee.

Kloster Hamicolt

Eingebettet zwischen landwirtschaftlich bestellten Flächen liegt das ehemalige Benediktinerinnenkloster Maria Hamicolt mit seiner 1865 eingeweihten Klosterkirche im klassizistischen Stil. Die Entstehung des Klosters geht auf eine Schenkung der letzten Erbin des Gutes Hamicolt zurück. Als Alleinerbin von insgesamt zwei Höfen schenkte Maria Anna Schulze Hamicolt 1853 dem Bischöflichen Ordinariat in Münster 25 Morgen Land für eine Klostergründung. Der Redemptoristenorden baute zunächst ab 1856 das Wohnhaus und dann die Kirche auf, bevor 1891 Benediktinerinnen das Kloster übernahmen.

▲

Die Tür zum Kloster steht für Besucher offen.

Von 1891 bis 2008 leben Benediktinerinnen im Kloster Maria Hamicolt.

▼

▲
*Die Kirche wurde am
2. August 1865 eingesegnet.*

▶
Der kleine Glockenturm der Klosterkirche im klassizistischen Stil ist als Dachreiter ausgebildet.

Auf einer alten Ansichtskarte ist die gesamte Klosteranlage mit Kirchengebäuden sichtbar.
▼

Haus Schwickering

Versteckt inmitten von Wiesen, Feldern und Baumgruppen liegt Haus Schwickering zwischen Rorup und Lette. Damals wie heute bildet der Treppenturm unter spitzer Kegelhaube den Blick- und Verbindungspunkt zwischen den unterschiedlichen Gebäudeflügeln. Von der ursprünglichen Wasserburg der erstmals 1435 erwähnten Herren von Schwicker blieb nichts mehr erhalten. Das Backsteingebäude mit Dachreiter aus den 1920er-Jahren wurde 1811 erbaut. Der verputzte Erweiterungsbau stammt aus dem Jahr 1830.

▲

Gartenfassade und Kiesweg von Haus Schwickering

Die Park- und Gartenanlage fasst den Denkmalkomplex ein und unterstreicht den Charakter des münsterländischen Herrensitzes.

Ein Architekturbüro zog 1973 in den Gebäudekomplex ein.

▼

▲ *Der Turm mit Kegeldach dient als Gelenk- und Verbindungsbau zwischen den zwei Baukörpern.*

▲ *Dem Backsteingebäude von 1811 ist zur Terrasse ein halbrunder Gartensaal-Anbau vorgelagert.*

▶ *Eine Allee führt auf den ehemaligen Rittersitz zu.*

▶ *Haus Schwickering ist einer der kleineren ehemaligen Rittersitze im Münsterland.*

St.-Jakobus-Kirche

Die heutige Pfarrkirche St. Jakobus in der Bauerschaft Weddern bildete vom Mittelalter bis zur Auflösung der geistlichen Territorien in Deutschland das Zentrum eines Kartäuserklosters mit Namen Marienburg. Die Klostergründung geht zurück auf eine Stiftung von 1476, die die Übertragung einer Wasserburg aus dem 14. Jahrhundert an den Orden beinhaltet. Der Grundstein der Kirche wurde 1477 gelegt und das Gebäude vermutlich um 1600 fertiggestellt. Der neugotische Turm, der vor die mittelalterliche Klosterkirche gebaut wurde, entstand im Zuge umfangreicher Sicherungsarbeiten in den Jahren 1871/72. Das Gotteshaus ist bei Hochzeitspaaren seit Jahrzehnten für Trauungen sehr beliebt.

▲ *Der Grundstein zur Klosterkirche wurde bereits 1477 gelegt.*

Der neugotische Kirchturm wurde dem Saalbau erst 1871/72 vorgelagert. ▼

▲ *Die ehemalige Klosterkirche wird sehr gerne für Trauungen und Ehejubiläen genutzt.*

▲ *Durch die gotischen Maßwerkfenster fällt viel Licht in die St.-Jakobus-Kirche.*

▶ *Die Gruftkapelle der Herzöge von Croÿ wurde ebenfalls 1871/72 erbaut.*

▲ *Schlichtes Holzkreuz auf barockem Sockel*

▶ *Das Postkartenmotiv der 1950er-Jahre wirbt mit der Naturidylle.*

Kloster Karthaus

Nur wenige Teile der mittelalterlichen Klosteranlage, die 328 Jahre bestanden hat, sind heute noch vorhanden. Neben der Klosterkirche lassen ein Torbogenhaus, die Reste der Wassergräben, Teichrelikte und die Mühlengebäude die einstigen Ausmaße der Marienburg erahnen. Größere Bekanntheit erlangten die reliefartigen Keramiken mit religiösen Motiven, die Frater Judocus Vredis bis zum Ende des ersten Drittels des 16. Jahrhunderts im Kloster herstellen ließ. Die Klosterschänke ist ein beliebtes Ausflugsziel für Radtouristen und Spaziergänger.

▲ *Tordurchfahrt zur Tierklinik*

▶ *Ein historisches Wohnhaus innerhalb der ehemaligen Klosteranlage*

Das Torhaus gehört zur Anlage des ehemaligen Kartäuserklosters Marienburg. ▼

Die Nebengebäude der alten Wassermühle wurden zu Wohnzwecken hergerichtet.

Kaffeetafel unter Bäumen, im Hintergrund das Torhaus

In die historischen Stallgebäude zog eine Tierklinik ein.

Das alte Torhaus wurde bereits um 1900 als Ausflugslokal genutzt.

Kriegerdenkmal

Zur Erinnerung und zum Gedenken an die in den Weltkriegen gefallenen und vermissten Soldaten wurde in nur wenigen Monaten vom Bildhauer Franz Rüther das Kriegerdenkmal auf der Karthaus geschaffen. Den zentralen Blickfang bildet die Figur des Erzengels Michael, der auf einem Sockel in der Denkmalsmitte über den Namentafeln thront. Nach der christlichen Symbolik ist Michael neben Christophorus die Gestalt, die die Toten in das jenseitige Reich bringt. Die Namen der Vermissten aus dem Zweiten Weltkrieg wurden ergänzend im Sockelbereich des Denkmals hinzugefügt.

▲

Zum Volkstrauertag wird der Opfer der Kriege gedacht.

Rechts und links vom Denkmalsockel mit der Figur des Erzengels Michael sind die Namen der Opfer der Weltkriege in die Wände eingeschlagen.

▼

Detailansicht der Michael-Figur

Historische Ansicht des Kriegerdenkmals

Werkstätten Karthaus

Die Werkstätten Karthaus gehören zum Anna-Katharinenstift, das 1921 durch den Katholischen Frauen-Fürsorgeverein als Schutzheim für Frauen und Mädchen gegründet wurde. Heute wohnen und arbeiten Menschen mit Handicaps auf der Karthaus. Die Werkstätten bieten 2011 für 490 Menschen mit Behinderungen Arbeitsplätze, die direkt ihren Bedürfnissen angepasst sind. Im Anna-Katharinenstift leben 325 Personen in unterschiedlichen Wohnformen. Das »Café Karthaus«, die »Boutique«, »Dekor am Tor« (in der Dülmener Innenstadt) und der »Bioladen« sind gut besuchte Integrationsbetriebe.

Beim Karthäuser Winterzauber leuchten sogar die Bäume.

Der Eingangsbereich zum Anna-Katharinenstift Karthaus

Die in den Werkstätten von Menschen mit Handicap hergestellten Produkte werden in dem kleinen Werkstattladen verkauft.

Seit einigen Jahren findet über mehrere Tage ein stimmungsvoller Weihnachtsmarkt auf dem Betriebsgelände der Werkstätten Karthaus statt.

Die Postkarte aus den 1950er-Jahren zeigt den Innenhof des Stifts.

Haus Visbeck und Marienkapelle

Bis in das Jahr 1186 lassen sich die Ursprünge des Hauses Visbeck zurückverfolgen. Die Herren von Visbeck waren 1338 als Eigentümer verzeichnet und nutzten den auf zwei Inseln verteilten Wehrbau als ihr Rittergut. Die Bezeichnung »Visbeck« kann mit Fischbach übersetzt werden. Nachdem das Geschlecht derer von Visbeck ausstarb, fanden sich immer wieder neue Besitzer, zu denen auch die Familie Droste-Vischering gehörte. Erst 1749 entstand die Marienkapelle als Oktogonalbau. Als ihr Baumeister gilt Johann Conrad Schlaun. 1889 folgte die Kapellenerweiterung mit dem rechteckigen Anbau. Vom Haus Visbeck steht noch der westliche Flügel als einer von ursprünglich drei Gebäudeteilen. Die Kapelle wird gelegentlich genutzt und liegt im Seelsorgebezirk von Heilig Kreuz. Die Gebäude sind im Privatbesitz.

Die Kapelle Visbeck als Kunstwerk von Peter Bolle.

▼

Haus und Kapelle Visbeck sind in Wiesen und Wälder eingebettet.

▼

Auf das Jahr 1736 geht der aus Sandstein gefertigte Doppelbildstock zurück, der auf der Vorderseite die Geburt Christi und auf der Rückseite die Kreuzigungsszene darstellt. Der Grund für die Errichtung ist unklar, wird aber gerne auf die Sage »Der Ritter von Visbeck« zurückgeführt.

An der Kapelle finden alljährlich Maiandachten statt.

Die idyllisch gelegene Kapelle diente früher regelmäßigen Gottesdiensten.

St.-Michael-Kapelle

Die St.-Michael-Kapelle ist für die Mehrzahl der Menschen in der Bauerschaft Rödder gelebter Mittelpunkt von Gemeinschaft. Der Kapellenraum präsentiert sich dank der Bereitschaft vieler Spender schlicht, aber mit bemerkenswerten und modernen Kunstwerken ausgestattet. Der lang gehegte Wunsch nach einem eigenen Gottesdienstraum erfüllt sich für die Bewohner der Bauerschaften Daldrup, Dernekamp, Mitwick und Rödder mit der Einweihung der Kapelle am 29. September 1949. Der Kirchturm wurde 1952 vollendet. Er erhielt 1966 drei Bronzeglocken und eine Uhr.

Der heilige Michael ist Schutzpatron des Kirchspiels Dülmen.

An das Kapellengebäude wurde 1991 nach den Plänen von Franz König ein Pfarrheim angebaut.

▲
Dieses Relikt einer Kunstausstellung rund um die Kapelle in Rödder blieb sitzen.

▲
1952 erhielt der Turm der St.-Michael-Kapelle seine endgültige Höhe und ...

... auf dem First des Turmdaches wurde ein Wetterhahn angebracht.
▼

Mäusescheune

Kurz vor Hiddingsel am Schultenhof Empting steht mit der sogenannten Mäusescheune aus dem Jahr 1924 ein Getreidespeicher besonderer Art. Die Fachwerkscheune ruht auf konisch zulaufenden Tragflächen aus Stein, deren oberer Abschluss jeweils eine Steinplatte bildet. Mit diesem Kniff hielt man die Mäuse vom gelagerten Getreide fern, da die Nagetiere den Winkel zwischen dem Steinträger und der Platte nicht überwinden konnten. Zudem ermöglichte diese Konstruktion eine hervorragende Unterlüftung, da das Getreide oftmals direkt auf dem Bretterfußboden gelagert wurde.

▲

Die Tragsteine der Bodenhölzer laufen konisch zu und tragen eine Abschlussplatte.

▲
Die Mäusescheune liegt als Sehenswürdigkeit an einem Rad- und Wanderweg.

▶
Die Mäusescheune in einer historischen Ansicht

◀
Ein Getreidespeicher mit einem besonderen »Trick«, um die Nager fernzuhalten

Landwirtschaft

Der gesamte Dülmener Raum ist von alters her landwirtschaftlich geprägt. Bereits die erste bäuerliche Ansiedlung ist ein Beleg dafür. Zur weiteren Entwicklung der Landwirtschaft trugen die Klärung und Aufteilung der Grundbesitzverhältnisse und damit verbunden die Intensivierung der Agrarproduktion bei. Eine Aufteilung der gemeinschaftlichen Feldmarken erfolgte größtenteils im 19. Jahrhundert. Die Einführung des Kunstdüngers löste die mittelalterliche Feldbestellung ab und schuf landwirtschaftliche Produktionsbetriebe. Neben Wiesen und Weiden für Milchwirtschaft und Viehzucht führen die vielen Wirtschaftswege durch Mais-, Getreide- und Rapsfelder.

▲ *Schilder zeigen den Weg zum Direkterzeuger.*

Manch Schmuckgiebel eines Hofgebäudes zeugt von guten wirtschaftlichen Verhältnissen. ▼

Ein Traktor presst Stroh zu Ballen.

Früher wurde das Korn in Garben zusammengestellt.

Wie überdimensionale Spielsteine wirken die aus Stroh gepresseten Rollen.

Ein landwirtschaftlicher Hof in der Bauerschaft Dernekamp

Wegkreuze

Dülmen und sein Umfeld gehören zum katholisch geprägten Münsterland. Als typisches Zeichen der Volksfrömmigkeit früherer Generationen finden sich heute vielfach noch Weg-, Flur- und Hofkreuze sowie Bildstöcke und Heiligenhäuschen in dieser Region. Die meist denkmalgeschützten Bildnisse zeugen vom Glauben und dem Gottvertrauen ihrer einstigen Erbauer und werden oft liebevoll gepflegt.
Sie wurden – wahrscheinlich ausgehend vom 13. Jahrhundert – zum Dank für die Errettung aus einer Notlage oder zum Schutz vor Wetterkatastrophen aufgestellt. Manche Stationen und Skulpturen zeugen von hoher künstlerischer Qualität und spiegeln den jeweils vorherrschenden Baustil der damaligen Zeit wider.

▲ *Der Bildstock des hl. Antonius steht an der Kreisgrenze zwischen Coesfeld und Borken.*

Die Figurengruppe stellt die Heilige Familie, Jesus, Joseph und Maria, dar. ▼

Feldkreuz aus Holz an der Straße nach Hiddingsel

Feldkreuz aus Holz in Weddern

Heiligenhäuschen in Hiddingsel mit einer Herz-Jesu-Figur

Wegkreuz mit Korpus nahe dem Haus Merfeld

Ein Symbol für Trauer, die Gottesmutter Maria mit ihrem toten Sohn im Schoß

Der Bildstock des hl. Michael befindet sich an der Zufahrt zum Haus Empte.

Landschaften

▲
Wenn sich die Sonne den Tag erobert: Baumallee in der Morgenstimmung

◀
Viele Bachläufe durchziehen die ehemalige Moor- und Heidelandschaft.

Nahe Hausdülmen zeigen manche Bäume deutlich den Kampf ums Überleben im sandigen Untergrund.
▼

Inmitten der Münsterländer Park- und Bruchlandschaft mit ihrem Wechsel aus Wald, Kultur- und Brachland sowie verschiedenartigen aufgelockerten Flächen liegt die Stadt Dülmen. Um sie herum befinden sich die zu Dülmen gehörenden Ortsteile und Bauerschaften mit ihren landwirtschaftlich genutzten Böden wie Wiesen oder Äckern, typischen Wallhecken, kleineren und größeren Wäldern und sogar Seen. Neben Bauernhöfen lockern auch Wasserschlösser, alte Rittersitze und Gräftenhöfe diese Gebiete auf. Das vorwiegend flache Gelände mit seinem Feldwegenetz – den Pättkes – lädt zu Fahrradtouren ein.

Auf den Feldern um Dülmen wird häufig Futtergetreide angebaut, wie hier vor den Windrädern in Welte.

Die Abendsonne spiegelt sich in den Fischteichen bei Hausdülmen.

Enten und andere Wasservögel nehmen die Gewässer gerne an.

Der Winter hat einen besonderen Reiz in der morgendlichen Sonne.

Nach eiskalter Nacht legt sich der Raureif auf die feinen Verästelungen mancher Baumalleen.

Wildpferde

Im Merfelder Bruch lebt seit Jahrhunderten – 1316 erstmals urkundlich erwähnt – eine Herde wilder Pferde. Ihnen wurde Mitte des 19. Jahrhunderts ein Reservat durch die Herzöge von Croÿ geschaffen. Durch dieses rund 3,6 Quadratkilometer große Gebiet wird der Erhalt der Herde sichergestellt. Die mittlerweile etwa 360 Wildpferde leben in dem Gebiet weitgehend sich selbst überlassen. Die robuste Bruchpferdeart ist zwar wilder Abstammung, zeigt vereinzelt aber schon Anzeichen einer Mischung mit Zuchtpferden. Um Rivalitäten der Hengste zu vermeiden, werden seit 1907 jedes Jahr am letzten Samstag im Mai die Jährlingshengste herausgefangen und qua Versteigerung zum Kauf angeboten. Eigens für den Wildpferdefang wurde bereits 1930 in der Wildbahn eine Arena mit Holztribünen errichtet.

▲ *Ein Wildling im Porträt*

Die Herde der Dülmener Wildpferde im vollen Galopp ▼

▲ Seit Jahrhunderten leben die Dülmener Pferde in der Bruchlandschaft in der Nähe von Merfeld.

▲ Die ältesten Stuten geben in der Herde den Ton an.

Die Herde grast an einer Wasserstelle im Merfelder Bruch. ▼

Dietmar Rabich

Mitte der 1970er zog der 1962 geborene Dietmar Rabich nach Dülmen. An das Abitur am Clemens-Brentano-Gymnasium 1982 schloss sich 1983 das Studium der Mathematik mit dem Nebenfach Physik an der Westfälischen Wilhelms-Universität Münster an. Seit dem Abschluss des Studiums 1989 arbeitet er im Bereich der Informationstechnik, seit 1997 in Münster. Mit seiner Familie lebt er bereits seit vielen Jahren in Hausdülmen. Mitte der 1980er-Jahre beteiligte er sich erstmals an einem Buchprojekt – im Bereich der Informatik – und in den Jahren danach noch an einigen weiteren. Sein Interesse gilt jedoch ebenso der jüngeren deutschen und vor allem der lokalen, Dülmener Geschichte. So ist er seit geraumer Zeit im Heimatverein Dülmen aktiv und schreibt gelegentlich Beiträge für die Dülmener Heimatblätter, zum Beispiel für die Sonderausgabe zum 700-jährigen Jubiläum der Stadt Dülmen. Die Fotografie ist ein Hobby seit den Jugendtagen. So manches Bild wurde bereits veröffentlicht, manchmal auch in einer kleinen Ausstellung.

Erik Potthoff

Erik Potthoff, geboren 1968 in Dülmen, ist Vorsitzender des Dülmener Heimatvereins und veröffentlichte bereits in Schülertagen zusammen mit Ulrich Lewe die kleinen Bildbände »Spaziergang durch Alt-Dülmen« und »Unsere alte Tiberstadt«. In dem Periodikum »Dülmener Heimatblätter«, zu dessen Redaktionsteam Potthoff gehört, schreibt er seit dem Jahr 2006 eine Serie an kleinen Beiträgen zu Bildvergleichen alter Dülmener Ansichtskarten mit dem heutigen Stadtbild. Der ausgebildete Bankkaufmann und Verwaltungsfachwirt verfügt über eine umfangreiche Sammlung alter Bilder und Ansichtskarten der Stadt Dülmen vor ihrer Zerstörung im Zweiten Weltkrieg. Im Jahr 2011 bildete er zusammen mit Ludger Hillermann und Rüdiger G. Behrens Interessierte zu Dülmener Stadt- und Gästeführern aus.
Die Fotografie betreibt er als Hobby und erhielt bei lokalen Wettbewerben kleinere Auszeichnungen. Seit 1997 arbeitet er in der kirchlichen Verwaltung, seit 2013 in Münster. Er ist verheiratet und hat zwei Kinder.

Register

Altes Amtshaus (Buldern) 191
Alte Kirche (Buldern) **182f**
Alte Mühle (Merfeld) **212f**
Alte Sparkasse 62, **72f**
Alter Jüdischer Friedhof 101, **112f**
Amtsgericht 40, **80f,** 177
Anna Katharina Emmerick 116, 118f, **160ff**
Anna-Katharinenstift Karthaus (Weddern) *siehe Werkstätten Karthaus (Weddern)*
Annette-von-Droste-Hülshoff-Gymnasium 11, 106, **108f**
Antoniusstatue (Merfeld) **210f**
Badeanstalt 165
Bahnhof 114, **132f,** 150
Bildstock 127, 157, 233, 240f
Borkener Straße **66f,** 78f, **146f,** 158
Brennerei Hellmann (Hiddingsel) **202f**
Brennerei Löhning 149
Buddenturm 39, 53
Buldern **180ff**
Burgplatz (Hausdülmen) **192f**
Burgtor 61
Charleville-Mézières-Platz 27, 89, **92f,** 94, 159
Christuskirche 71, 81, **88ff,** 92f, 95, 149
Cinema-Center 83, 84
Clemens-Brentano-Gymnasium 92f, 94f, **120f,** 157
Coesfelder Straße 30f, **68f, 148**
Dorfplatz (Hausdülmen) **198f**
Dülmen **12ff, 176ff**
Dülmener Wildpferde *siehe Wildpferde*
»düb« *siehe Freizeitbad »düb«*
Düpmanns Kapelle (Hiddingsel) *siehe St.-Johannes-Nepomuk-Kapelle (Hiddingsel)*
Ehrenfriedhof (Hausdülmen) **196f**
Eichengrün-Platz 66, **78f,** 146
Eisenhütte Prinz Rudolph 10, 89, 154f
Emmerickhaus 160
ERKO Classics 155
Evangelischer Friedhof **138f**
Franz-Hospital 11, **110f**
Freizeitbad »düb« 148, 164
Gasstraße *siehe Borkener Straße*
Große Teichsmühle (Hausdülmen) **194f**
Halterner Straße 61, **62f, 151**
Halterner Tor *siehe Burgtor*
Hausdülmen 165, 167, **192ff**
Haus Dülmen (Hausdülmen) 189, **192f**
Haus Merfeld (Merfeld) 213, **214f**
Haus Osthoff **136f**
Haus Schwickering (Rorup) 108, **222f**
Haus Visbeck (Dernekamp) 157, **232f**
Hazemag & EPR 155
Heilig-Geist-Stiftung **128f,** 134
Heilig-Kreuz-Kirche 114f, **116ff,** 160, 163, 174
Hermann-Leeser-Schule 89, 92f, **94f,** 100, 120
Hiddingsel **200ff**
Jubiläumsbrunnen 24f, **26f,** 92, 167, 170
Jüdischer Friedhof **138f**
Kapellenweg 9
Kinderwohnheim **124f**
Kirchplatz St. Viktor 15, **18f,** 20, 23
Kirchspiel 156f, **224ff**
Kloster Agnetenberg 43, **48f,** 101, 160
Kloster Hamicolt (Rorup) **220f**
Kloster Karthaus (Weddern) **226f**
Kolpinghaus **96f**
Königsplatz **30f,** 33, 68, 159, 173, 178
Königswall 28, 40f, 80f
Kreuzkapelle 102, **126f,** 177
Kreuzweg **102f**
Kriegerdenkmal (Buldern) 181, **190f**
Kriegerdenkmal (Hiddingsel) **206f**
Kriegerdenkmal (Weddern) **228f**
Kriegerehrenmal 1870/71 **122f,** 125, 150
Kriegerehrenmal 1914/18 **20f**
Laerhennekenturm *siehe Lorenkenturm*
Laurenzturm *siehe Lorenkenturm*
Leinenweberei L. & S. Leeser 94, 104, 154
Lohwall 68f, 82f, 84f, 87, 147, 153
Lorenkenpassage 40
Lorenkenturm 29, **40f,** 50f, 74
Lüdinghauser Straße 44f, 46f, **64f,** 123, 127, **150,** 160, 162, 174
Lüdinghauser Tor **44ff,** 48f, 64f, 111, 112f, 150, 154, 174, 179
Maria-Königin-Kirche **134f**

Marienburg (Weddern) *siehe Kloster Karthaus (Weddern)*
Marienkapelle (Dernekamp) 157, **232f**
Marienplatz 47, **114f,** 139
Mariensäule 114f, 116f
Marktbrunnen *siehe Jubiläumsbrunnen*
Marktgasse 34
Marktplatz 18, 22, **24f,** 26f, 28f, 34f, 167, 169, 170f, 173, 174, 176
Marktstraße 21, 24, **32ff,** 78, 169, 172, 177, 178, 20f
Markusplatz *siehe Eichengrün-Platz*
Mäusescheune (Rödder) **236f**
Merfeld **208ff**
Metropol-Theater **72f**
Mühlenwegfriedhof **130f,** 139
Münsterstraße 68, **70f,** 74, 89, 92, 96, **149,** 152f
Münstertor 112
Neustraße *siehe Borkener Straße*
Neutor 147
Nieströter Platz 157
Nonnenturm **42f,** 49, 112, 175
Nonnenwall 92, **100f**
Nordring 40f, **50f**
Ostring **48f**
Overbergpassage 53, 82
Overbergplatz **82f,** 171
Overbergschule 82, **84f**
Pestkapelle (Hiddingsel) *siehe St.-Johannes-Nepomuk-Kapelle (Hiddingsel)*
Pulverturm *siehe Nonnenturm*
Rathaus 18f, 21, **22f,** 24f, 27, 34, 72, 171, 176
Rorup 159, **216ff**
Schandpfahl (Rorup) **218f**
Scharre 22f
Schloss 37, **56f,** 59, 63, 142, 144
Schloss Buldern (Buldern) **188f**
Schlosspark **58f,** 142
Schlossstraße **60f**
Schoah-Gedenkstein 112f
Seifenfabrik Beine 155
Skulptur 30, 77, 79, 82, 93, **156ff,** 187, 205, 240f
Sparkasse 53, 83, 84, 158
Sparkasse Westmünsterland *siehe Sparkasse*
Spieker (Buldern) 181, 185, **186f,** 190
Spinnerei und Weberei Bendix 10, 11, 104, **106f,** 108f, 150, 154
Sportwagenmanufaktur Wiesmann 155, 168
Stadtsparkasse *siehe Sparkasse*
St.-Agatha-Kirche (Rorup) 159, **216f**
St.-Antonius-Kirche (Merfeld) **208f**
St.-Georg-Kirche (Hiddingsel) **200f,** 202, 207, 236
St.-Jakobus-Kirche (Weddern) **224f**
St.-Johannes-Nepomuk-Kapelle (Hiddingsel) **204f**
St.-Joseph-Kirche **98f**
St.-Josephs- und Gertrudis-Stiftung *siehe Kinderwohnheim*
St.-Marien-Kapelle (Dernekamp) *siehe Marienkapelle (Dernekamp)*
St.-Mauritius-Kirche (Hausdülmen) **192f**
St.-Michael-Kapelle (Rödder) **234f**
Stolpersteine 159
St.-Pankratius-Kirche (Buldern) 180f, **184f**
St.-Viktor-Kirche 10, 11, **12ff,** 23, 25, 39, 44f, 46f, 60f, 62, 65, 67, 78, 83, 105, 143, 146f, 149, 151, 177
Südring 39, **54f**
Synagoge **74f**
Textilunternehmen Ketteler/Specht **104f**
Tiberbach 40, 76, 149
Tiberstraße **76f,** 161
Tiberturm **38f,** 55
Treppken 64
Viktorstraße **28f,** 173
Volksbank 52
Vorpark **142f,** 144
VR-Bank Westmünsterland *siehe Volksbank*
Waldfriedhof **140f,** 150
Wasserturm 55, 82, **86f,** 105, 147
Wegkreuz 97, 225, **240f**
Werkstätten Karthaus (Weddern) **230f**
Westring **52f**
Wildpark 142, **144f**
Wildpferde **246f**
Ziegenviertel 147, 157

Bildnachweis

- Uwe Yves Becker, yves.becker@t-online.de, http://www.yves-photography.com/ 246/247 u
- Bischöfliches Generalvikariat Münster, Gertraud Horst 205 or
- Sammlung Hanne und Ludger David 193 m, 193 ol, 193 or, 193 ur, 195 or, 197 u
- Dülmener Heimatblätter (Nachlass Familie Kirschner, Dülmen) 105 u
- Sammlung Horst Devens, Glashütten (Foto Bussmann, Buldern) 191 o
- Evangelische Kirchengemeinde 89 u
- Foto Kleimann 13 u, 21 or, 37 u, 39 u, 43 u, 51 u, 53 o, 64 o, 75 u, 129 or, 170
- Sammlung Heimatverein Dülmen (Paul Blankenau) 51 o
- Heimatverein Rorup 219 u
- Leo Baeck Institute, Center for Jewish History, New York, Archiv-Nr. F24264 75 o
- Kath. Kirchengemeinde Hl. Kreuz 117 o, 135 m
- Kath. Kirchengemeinde St. Antonius 209 o
- Kath. Kirchengemeinde St. Joseph 99 ul
- Gertrud Kersting 55 o
- Sammlung Irmgard Pilatus, Senden 174 or
- Erik Potthoff 11, 18 o, 18 u, 19 ul, 19 ur, 39 o, 61 u, 70 o, 70 u, 72 o, 74 u, 80 o, 81 o, 100, 111 u, 116 u, 119 u, 134 o, 134 u, 135 o, 136, 137 ur, 142 u, 149 m, 149 ur, 159 m, 159 u, 174 ol, 180/181 u, 182, 184, 185 m, 185 o, 187 u, 200 u, 202 u, 205 ol, 211 u, 212, 213 u, 215 ol, 215 ul, 216, 217 o, 218, 220 o, 220 u, 221 o, 221 ur, 223 m, 232 o, 233 m, 236 u, 237 o, 239 u
- Sammlung Erik Potthoff Umschlag vorn or, 13 o, 14 o, 17 u, 19 o, 21 u, 31 o, 35 u, 41 o, 55 u, 63 m, 91 mr, 117 m, 127 o, 129 ol, 135 u, 143 o, 143 u, 145 ol, 145 ur, 153 ur, 197 o, 199 o, 201 ol, 211 o, 221 ul, 225 m, 225 ol, 225 ur, 227 or, 231 u; (Heinrich Brabender) 24/25 u, 33 or, 65 o, 150 ul; (Franz Burgholz) 37 o, 149 o; (Adolf Büsse) 38; (Cramers Kunstanstalt, Dortmund) 45 u, 56 o, 73 o, 119 o, 162 ol, 247 ol, 247 ur; (Drogerie Timpte) 25 ur, 67 u; (Foto Kleimann) 77 o, 125 u, 162 u; (Bernhard Homann) 85 o, 123 ur; (J. Horstmann'sche Buchhandlung) 10, 25 o, 56 u, 57 m, 57 u, 59 ol, 81 m, 81 u, 86, 92 o, 97 u, 101 u, 121 o; (Anton Kersting) 45 or, 65 m, 115 o, 147 ol; (J. Klein, Münster) 152 o; (Jakob Krapohl, Mönchen-Gladbach) 93 mr(o); (Georg Marx) 111 or; (Christel Rissler jr., Hamburg) 117 u; (Max Schlief) 47 o, 95 or; (Josef Sievert) 29 or, 29 u, 33 ol, 39 m, 47 u, 57 o, 59 or, 65 u, 71 m, 73 u, 93 mr(u), 95 ur, 101 m, 102 o, 103 m, 103 u, 111 ol, 115 m, 119 mr, 149 ul, 160 or, 161 o, 162 or, 195 u, 233 u; (St.-Rita-Verlag, Würzburg) 161 m; (Stengel & Co., Dresden) 23 u; (Heinrich Uekermann, Salzuflen) 148 ol
- Dietmar Rabich Umschlag vorn ml, ~ mm, ~ mr, ~ ol, ~ u, 9, 12, 14 m, 14 u, 15, 16 o, 16 u, 17 m, 17 o, 20 o, 20 u, 21 ol, 22 o, 22 u, 23 o, 24 o, 26, 28 o, 28 u, 29 ol, 30 o, 30 u, 32, 33 u, 34 o, 34 u, 35 o, 36, 40, 42, 43 ol, 44, 45 ol, 46, 49 ol, 49 u, 50 o, 50 u, 52, 54 o, 54 u, 58, 60, 62, 63 o, 63 u, 64 u, 66, 67 o, 68 o, 68 u, 69 o, 71 o, 71 u, 72 u, 74 o, 76, 77 ul, 77 ur, 78 o, 78 u, 79 m, 79 u, 80 u, 82 o, 82 u, 83 o, 83 u, 84 o, 84/85 u, 87 m, 88, 89 m, 89 o, 90 o, 90 u, 91 or, 91 ol, 92/93 u, 93 ol, 93 or, 94 o, 94 u, 95 ol, 95 ul, 96 o, 96 u, 97 or, 98 o, 98 u, 99 o, 99 ur, 101 o, 102 u, 103 o, 104 ol, 104 u, 106, 107 o, 108 o, 108 u, 109 m, 109 o, 110 o, 110 u, 112 o, 112 u, 113 o, 114 o, 114/115 u, 116 o, 118 o, 118 u, 119 ml, 120 o, 120/121 u, 121 m, 122, 123 ul, 124, 125 o, 126, 127 ml, 127 mr, 127 u, 128 o, 128 u, 129 u, 130 o, 130 u, 131 m, 131 or, 132 o, 133 ol, 133 or, 133 u, 137 o, 137 ul, 138, 139 m, 139 o, 139 u, 140, 141 o, 142 o, 144/145 u,

145 or, 146, 147 or, 148 u, 150 m, 150 ur, 151 ol, 151 u, 152 u, 153 m, 153 ol, 153 om, 153 or, 153 ul, 155 m, 155 ul, 155 ur, 156, 157 m, 157 o, 157 u, 158 o, 158 u, 159 ol, 159 or, 160 ol, 160 u, 161 u, 163 ol, 163 or, 163 u, 164 u, 165 or, 166/167 o, 167 or, 167 u, 168 o, 169 ol, 169 or, 171 m, 171 o, 171 u, 172, 173 m, 173 ol, 173 or, 173 u, 174 ur, 175, 176 o, 176 u, 177 ol, 177 or, 177 ul, 177 ur, 178 o, 178 u, 179, 181 ur, 183 o, 186, 188, 189 u, 190, 191 u, 192 o, 192 u, 193 ul, 194 o, 194 u, 195 ol, 196, 198 o, 198 u, 200 o, 201 or, 202 o, 203 ol, 203 or, 204, 205 u, 206, 207 ul, 208, 209 ml, 209 ul, 210, 214 o, 214 u, 219 o, 222 o, 222 u, 223 ol, 223 or, 224 u, 226 u, 228 o, 228 u, 229 o, 230 o, 231 m, 231 o, 232 u, 233 o, 234 o, 234 u, 235 ol, 236 o, 238 o, 238 u, 239 m, 239 or, 240 o, 240 u, 241 ml, 241 mr, 241 ol, 241 or, 241 ul, 241 ur, 242, 243 o, 243 u, 244 m, 244 ul, 244 ur, 245, 246 o, 247 or, 248

Simon Rabich 164/165 o, 249 ol

Gisbert Rode, Borken 155 ol, 224 o, 225 or, 225 ul, 226 m, 226 o, 227 m, 227 ol, 230 u, 244 o

Sammlung Stadtarchiv Dülmen 27 o, 43 or, 48, 49 or, 69 m, 69 u, 79 ol, 79 or, 83 m, 87 o, 87 u, 97 ol, 104/105 o, 107 m, 107 u, 109 u, 113 u, 123 o, 131 ol, 131 u, 132 u, 137 m, 141 u, 151 or, 154, 155 or, 165 u, 168 u, 169 ul, 169 ur, 183 u, 187 o, 203 u, 207 o, 207 ur, 209 mr, 213 or, 215 or, 215 ur, 217 u, 223 u, 227 u, 229 u, 235 or, 237 u, 239 ol; (Anton Bancken) 27 u, 41 u, 150 o; (Karl Bültmöller) 189 m; (Adolf Büsse) 61 o; (Cramers Kunstanstalt, Dortmund) 181 o; (Drogerie Timpte) Umschlag hinten; (Dülmener Zeitung) 201 u; (E. Düpmann, Buldern) 189 o; (Evangelische Kirchengemeinde) 91 u; (Foto Kleimann) 31 u, 199 m, 199 u, 209 ur, 213 ol, 235 u; (Bernhard Homann) 67 m; (Anton Kersting) 174 m, 174 ul; (Josef Sievert) 59 u, 61 m, 147 u; (M. Wilbur, Buldern) 185 u; (M. Wilk, Osnabrück) 215 m

Bernd Schmitz 53 u, 148 or

Bärbel Sträter 249 or

Rainer Weppelmann 166 u

Abkürzungen:
o=oben, m=Mitte, u=unten, l=links, r=rechts

Der Umschlag zeigt auf der Vorderseite von oben links nach unten rechts Lorenkenturm, Nordring mit Lorenkenturm, Lüdinghauser Tor mit St.-Viktor-Kirche, Kirmes, Wildpferde, Wildpark, auf der Rückseite Marktplatz mit Rathaus und St.-Viktor-Kirche.

Die aktuellen Aufnahmen entstanden in der Zeit von Mitte 2007 bis Juni 2013, hauptsächlich jedoch 2011 und 2012.

Wir danken den Archiven und Leihgebern für ihre freundliche Genehmigung zur Veröffentlichung der Abbildungen. Leider können wir trotz unserer Bemühungen es nicht ganz ausschließen, dass es uns nicht in jedem Fall gelungen ist, die Rechteinhaber ausfindig zu machen. Wer also eine Illustration oder einen Abdruck findet, dessen Rechte er besitzt, möge sich an den Verlag wenden.

Quellen

Brathe, Heinz: Dülmen – Von der Bauerschaft zum zentralen Ort. Beiträge zur Geschichte der Stadt. Verlag G. Wiesel Dülmen, 1986.

Brathe, Heinz: Dülmen in alten Ansichten. Europäische Bibliothek Zaltbommel/Niederlande, 1984.

Brathe, Heinz; Frings, Bernhard: »Lebendige Gemeinde« 1200 Jahre St. Viktor in Dülmen. Laumann-Verlag Dülmen, 2003.

David, Ludger; David, Hanne; Hannemann, Hannelore; Schlattmann, Hubert; Vorholt, Robert (Hg.): St. Mauritius Hausdülmen – 50 Jahre Neubau der Kirche. Hausdülmen, 2005.

Evangelische Kirchengemeinde (Hg.): 50 Jahre Evangelische Christus-Kirche Dülmen 1953–2003. Dülmen, 2003.

Frings, Bernhard: Sorgen – Helfen – Heilen. Laumann-Verlag Dülmen, 1997.

Göllmann, Carl: Die Kartaus in Weddern bei Dülmen. Kreis Coesfeld, 1975.

Heimatverein Dülmen (Hg.): Dülmener Heimatblätter »1311–2011, 700 Jahre Stadt Dülmen«. Sonderausgabe., 2. Auflage, 2011.

Hinsken, Hubert; Ridder, Karl (Hg.): Merfeld von der Jahrhundertwende bis 1970. Dülmen, 1985.

Hüsing, Christoph; Vollenbröker, Nina; Zölle, Matthias: Dülmen – Bis hierher und weiter. Edition Stadtanzeiger Dülmen, 1998.

Kapellengemeinde Rödder (Hg.): 50 Jahre Kapellengemeinde St. Michael Dülmen-Rödder. Dülmen, 1999.

Kath. Kirchengemeinde Hl. Kreuz (Hg.): Die Heilig-Kreuz-Kirche in Dülmen – »Der Raum, der Freiheit atmet …«. Dülmen, 2008.

Kath. Kirchengemeinde Hl. Kreuz (Hg.): Im Kreuz ist Heil – 50 Jahre Heilig Kreuz Dülmen 1938–1988. Dülmen, 1988.

Kath. Kirchengemeinde St. Agatha (Hg.): 100 Jahre St. Agatha Rorup 1912–2012. Dülmen, 2012.

Kath. Kirchengemeinde St. Antonius (Hg.): 50 Jahre Pfarrkirche St. Antonius Merfeld – 1939–1989. Dülmen, 1989.

Kath. Kirchengemeinde St. Georg (Hg.): Ein Dorf feiert seine Mitte 1911–2011. Hiddingsel, 2011.

Kath. Kirchengemeinde St. Joseph (Hg.): 25 Jahre St. Joseph. Dülmen, 1989.

Kath. Kirchengemeinde St. Pankratius (Hg.): 100 Jahre St. Pankratius Buldern 1906–2006. Buldern, 2006.

Klaverkamp, Annette: Feste und Bräuche im Dülmener Raum. Dülmener Lesebuch, Band 2. Laumann-Verlag Dülmen, 1991.

Kolpingsfamilie Dülmen (Hg.): 125 Jahre Kolpingsfamilie Dülmen. 1985.

Lehnardt, Karina: Der jüdische Friedhof in Dülmen. Dülmener Lesebuch, Band 3. Laumann-Verlag Dülmen, 1991.

Menke, Dr. Annette: Dülmen in Westfalen. Laumann-Verlag, Dülmen, 1991.

Messing, Adolf; Potente, Dieter; Potthast, Ingrid; Streitenberger, Hans (Hg.): Buldern 889–1989, 1989.

Nießing, Melanie: Von der Wasserburg zur Marienburg. Analecta Cartusiana Seeham/Österreich, 2007.

Paul Bendix Dülmen (Hg.): Paul Bendix Dülmen – 1824–1949. Dülmen, 1949.

Robersmann, Agnes: Mein Heimatdorf Buldern. Westfälische Frauenschule für Volkspflege Münster, 1938.

Schumacher-Haardt, Ursula: Profane Denkmäler in Dülmen. Dülmener Lesebuch, Band 5. Laumann-Verlag Dülmen, 2000.

Schumacher-Haardt, Ursula: Sakrale Denkmäler in Dülmen. Dülmener Lesebuch, Band 4. Verlag G. Wiesel Dülmen, 1995.

Steiner, Jürgen: Parken und Wandern – Kreis Coesfeld. Sauerland-Verlag Iserlohn, 1981.

Sudmann, Dr. Stefan (Hg.): Geschichte der Stadt Dülmen. Laumann-Verlag Dülmen, 2011.

Periodica

Heimatverein Dülmen (Hg.): Dülmener Heimatblätter. Jahrgänge 1–60 (Neue Folge), 1954–2013.

Heimatverein Dülmen (Hg.): Heimatblätter. Zeitschrift zur Pflege der Geschichte, Volks-, Familien-, Heimat- und Altertumskunde. Jahrgänge 1–15, 1925–1939.

Danksagungen

Dieser umfangreiche Bildband, »Dülmen – gestern und heute«, konnte nur durch eine Vielzahl an Unterstützungen und Hilfestellungen entstehen. Bedanken möchten wir uns zunächst bei denen, die uns Bilder zur Verfügung gestellt haben: Uwe Yves Becker, Hanne und Ludger David, Horst Devens, Gerd Oevermann, Simon Rabich, Gisbert Rode, Rainer Weppelmann, Bischöfliches Generalvikariat Münster, Leo Baeck Institute (New York) und Stadtarchiv Dülmen.

Ebenso bedanken wir uns für die freundlichen Genehmigungen zum Abdruck von Bildern bei: Nikola Dicke, Josef Düpmann, Architekturbüro Kleihues + Kleihues, Helmut Kleimann, Bärbele und Bernhard Krug, Johanna Niewerth, Cinema Center Dülmen, Deutsche Bahn AG, evangelische Kirchengemeinde, Franz-Hospital, Herzog von Croÿ'sche Verwaltung, katholische Kirchengemeinden Heilig Kreuz, St. Agatha, St. Jakobus, St. Georg und St. Viktor, LWL-Archäologie für Westfalen, Sportwagenmanufaktur Wiesmann, Stadt Dülmen und TSG Dülmen.

Aufseiten des Laumann-Verlags kümmerten sich Christiane Kleine und Carsten Bienhüls um die grafische Umsetzung und die Realisierung dieses Bildbandes. Dafür und für viele gute Vorschläge sagen wir ihnen Danke. Zudem gilt unser Dank dem Korrektor Wolfgang Werp. Nicht zu vergessen sei unser Dank an alle nicht namentlich genannten Förderer, Unterstützer und helfenden Hände, die uns bei der Erstellung der einen oder anderen Aufnahme in Dülmen oder den Ortsteilen behilflich waren.

Vor allem und insbesondere gilt jedoch unser Dank unseren Familien, die unsere Arbeit an diesem Bildband mitgetragen und uns unterstützt haben, indem sie so manches Mal auf uns verzichten mussten.

Mit freundlicher Unterstützung

Bären Apotheke Dülmen
Barenbrock GmbH
Depel Akustikbau GmbH
DESIGNLAGER · Haus Osthoff · Bärbele & Bernhard Krug
Deutsche Bank AG
H. Enseling GmbH & Co.
Elting GmbH
Golly's Spezialitäten GmbH & Co. KG
Heilig-Geist-Stiftung Dülmen
Holthöwer GmbH
Jücker GmbH & Co. Stahlhandels KG
KORDEL Antriebstechnik GmbH
Lactoland Trockenmilchwerk GmbH
B. Lütkenhaus GmbH
Paul Müller
Sparkasse Westmünsterland
Stadt Dülmen
Stadtwerke Dülmen GmbH
VR-Bank Westmünsterland eG
Wang Anlagenbau GmbH